AF132051

Der Liberalismus der Rechte

Fröhliche Wissenschaft 085

Judith N. Shklar

Der Liberalismus der Rechte

Herausgegeben und mit einem Vorwort
versehen von Hannes Bajohr

Aus dem Amerikanischen
und Französischen übersetzt
von Hannes Bajohr und Dirk Höfer

 Matthes & Seitz Berlin

Inhalt

Hannes Bajohr
Judith Shklars Liberalismen

Als Judith Nisse Shklar 1992 jäh einem Herz-
infarkt erlag, befand sie sich gerade in einer
der produktivsten Phasen ihrer Karriere.[1] Nach
den Monografien zum Ende der großen Ideologien, zur politischen Theorie Rousseaus und
Hegels und ihrer Studie über die Doktrin
des Legalismus hatte sie sich Ende der Sieb-
zigerjahre noch einmal und für manche über-
raschend umorientiert und sich der spezifisch
amerikanischen Tradition politischen Denkens zugewandt.[2] Es entstand eine Reihe von
Essays und Vorlesungen, in denen sie unter-
suchte, was die zweihundert Jahre seit der
Amerikanischen Revolution genuin Neues
zum Formenarsenal politischer Theorie beigetragen hatten.[3] Seine europäischen Einflüsse
wie Locke und Montesquieu, britische Rechts-
lehre und antiken Republikanismus nie ver-
leugnend, hatte sich dieses Denken schrittweise eine bemerkenswerte Eigenständigkeit
erworben, die nicht ausreichend zu würdigen

Shklar ihrer Zunft vorwarf. Entweder sei diese Tradition im Gegensatz zum europäischen Diskurs als trivial und anspruchslos abgetan worden oder man mache sich die Auseinandersetzung mit ihr zu einfach, indem man nur unterkomplexe Beschreibungsmuster wie das des amerikanischen Exzeptionalismus oder der monolithischen Vorherrschaft des politischen Liberalismus wiederhole. Shklar aber sah gerade in der detaillierten Beschäftigung mit dem Erbe einer der ältesten und dauerhaftesten Demokratien der Welt einen Wert für die politische Philosophie im Allgemeinen.[4] Nicht zuletzt bestand er in der Idee politischer Rechte.

So unvermittelt diese Wende im Interesse Shklars auch schien, kam sie doch nicht von ungefähr. Aufs Engste mit der europäischen politischen Tradition vertraut und selbst aus Europa vor den Nationalsozialisten geflohen, verlieh Shklar die Perspektive des relativen Neuankömmlings sowohl die hinreichende Distanz, die Stärken und Schwächen des amerikanischen Systems einer Analyse zu unterziehen, als auch das nötige Kontingenzbewusstsein, seine Errungenschaften nicht für selbstverständlich und auf immer gesichert zu halten. Von diesem Skeptizismus der Exilerfahrung legt vor allem ihre berühmteste

Schöpfung Zeugnis ab, der Liberalismus der Furcht.[5] Formal negativ, geht er nicht von einem höchsten Gut aus, sondern will ein höchstes Übel vermeiden, »die Grausamkeit und die Furcht, die sie hervorruft, und schließlich die Furcht vor der Furcht selbst«.[6] Er betrachtet politische Theorien weder als angewandte Moralphilosophie, noch als rein analytische, aller Empirie enthobene Gedankengebilde und ist ein dezidiert anti-idealistisches, einem ›politischen Realismus‹ verpflichtetes Konzept.[7] Zu seinen Grundlagen gehört ein »stark entwickeltes historisches Gedächtnis« und eine negative Anthropologie – das Wissen um das Böse in der Geschichte und um die menschliche Verletzlichkeit.[8] Beides wird zum politischen Imperativ, der als Ausschlusskriterium alle anderen Erwägungen leiten soll.

Dieser Liberalismus entstammt einer europäischen Ahnenreihe, die noch vor Constant und Tocqueville von Montesquieu und Montaigne angeführt wird. Doch gerade in der relativ jungen Denktradition Amerikas fand Judith Shklar in der Idee der Rechte das Instrument am weitesten entwickelt, das ihren Liberalismus der Furcht auch wehrhaft machen sollte. Die von Thomas Jefferson formulierte Unabhängigkeitserklärung mit ihrer berühmten Anrufung des gottgegebenen Rechts auf »Leben, Freiheit und das Streben nach Glückseligkeit« war für sie, nicht weniger als die *Bill of Rights*, der Rechtekatalog der Verfassung, der genuin amerikanische Beitrag zur politischen Theorie. Shklar hatte freilich weniger Interesse an der Herleitung von Rechten – Letztbegründungen, seien sie naturrechtlicher oder theologischer Art, lehnte sie stets ab –, sondern an ihrer Funktion innerhalb einer liberalen Theorie.[9] »Das erste Recht ist, gegen die Furcht vor der Grausamkeit geschützt zu werden. Menschen besitzen Rechte als Schutzschilde vor diesem größten aller öffentlichen Laster.«[10] Der Liberalismus der Furcht könne sich zwar

> nicht auf die Vorstellung gründen, dass Rechte etwas Fundamentales und Gegebenes sind, betrachtet sie aber als gerade jene Konzessionen und Ermächtigungen, über die die Bürger verfügen müssen, um ihre Freiheit zu bewahren und sich gegen Machtmissbrauch zu schützen.[11]

Doch obwohl sie Rechten eine zentrale defensive Funktion in ihrem Liberalismus der Furcht einräumte, bestand Shklar auf der Abgrenzung zum amerikanischen Liberalismus der Rechte, der seine eigene Tradition besitzt. Wieder und wieder kam sie auf die große Wunde im liberalen Gewissen Amerikas zurück – die Sklaverei. »Die Gleichheit politischer Rechte, dieses erste Merkmal amerikanischer Staatsbürgerschaft, wurde in der gebilligten Gegenwart ihrer absoluten Verweigerung verkündet«.[12] Der Liberalismus der Rechte wurde einerseits gegen das sichtbare Übel der Sklaverei entworfen, andererseits war er, nachdem sich die Rhetorik der Rechte einmal etabliert hatte, auch Grundlage für die Bewegung zu ihrer Abschaffung und für letztlich jeden anderen großen politischen Kampf in der amerikanischen Gesellschaftsgeschichte. In diesem Liberalismus sind Rechte »nicht mehr nur Akte der Befreiung, sondern die Freiheit selbst, denn sie stellen einen fortwährenden, endlosen gesellschaftlichen Prozess dar, eine politische Lebensweise«.[13] Das unterscheidet ihn vom Liberalismus der Furcht, der Rechte nicht zum *summum bonum* erhebt, weil er eines solchen bewusst entbehrt. Auch kann er wenig mit der politischen Theologie des Liberalismus der Rechte anfangen. Doch sobald Grundrechte positiviert werden, erfüllen sie auch für ihn einen wichtigen Zweck, der nicht mehr nur minimalistisch ist: »Rechte einzufordern bedeutet, effektive Gerechtigkeit einzufordern«.[14]

Die Auffassung, dass Rechte nicht einfach passiv und privat gelten, sondern aktiv und kollektiv geltend gemacht werden müssen, setzt sie von einer dritten Konzeption ab, die Shklar den Liberalismus der ›Herrschaft des Gesetzes‹ nannte. Er lässt sich unter anderem auf Montesquieus Idee der Rechtsstaatlichkeit zurückführen und war als Schutz vor willkürlichen, illegalen Regierungsaktivitäten als Teil eines funktionierenden prozeduralen Systems durchaus in Shklars Interesse. Aber obwohl sie Rechte vor allem durch das Recht durchgesetzt sehen wollte, hegte sie ein tiefes Misstrauen gegen den Glauben an dessen absolute Rationalität. Bereits seit Mitte der Sechzigerjahre hatte sie diese Ideologie, die das Rechtssystem selbst für ideologiefrei hält, als ›Legalismus‹ kritisiert. Recht und Politik sind keine absolut getrennten Entitäten, sondern bilden ein Kontinuum.[15] Die Herrschaft des Gesetzes aber ist von aller politischen Wirklichkeit losgelöst. Sie beruht auf einer Logik interner Stimmigkeit und der Rationalität eines zwanglosen Zwangs kohärenter Argumentation, der sie keineswegs schon selbst vor Missbrauch bewahrt. Denn wenn alle Stricke reißen, ist der einzige Zwang, auf den es in der Geschichte ankommt, der Zwang der Unterdrückung, und kein Gericht und Tribunal kann ihm etwas entgegensetzen. Mehr noch, der Liberalismus der Herrschaft des Gesetzes kann »mit Regierungen des repressivsten und irrationalsten Schlages vollkommen kompatibel sein«, solange deren Gräueltaten nur gesetzlich sanktioniert sind. »Das war ohne Frage in Nazideutschland der Fall, dessen Rechtskaste ohne Umstände bereit war, die Aktivitäten des neuen Gerichts-, Polizei- und Vernichtungssystems zu ignorieren, solange ›die innere Moralität‹ ihres Rechts unangetastet blieb.«[16] Ohne äußeres Kriterium ist dieser Liberalismus nichts als ein leerer Formalismus. Genau dieses Kriterium aber will Shklars Liberalismus der Furcht mit seiner negativen Anthropologie bieten. Er schaut nicht nur auf die formalen, sondern vor allem auf die empirischen Bedingungen der Freiheit und macht Rechte als Protestmittel gegen Übergriffe zu einem seiner wichtigsten Schutzschilde, ohne sie zu einem Selbstzweck werden zu lassen. So verteidigt Shklar Rechte gegen ihre Kritiker und kritisiert sie gegen jene, die allein schon in der juristischen Festschreibung grundsätzlicher Konzessionen ein Allheilmittel gegen die Grausamkeiten sehen, über die Shklar in ihrem Realismus weiß, dass sie im Zweifelsfall vor Rechten keinen Halt machen. »Die Furcht vor der Furcht« könne daher, schrieb sie 1984 in *Ganz normale Laster*, sowohl »der Anfang als auch das Ende solcher politischer Institutionen wie der Rechte sein.«[17] Ist der Liberalismus der Furcht Ausdruck von Shklars Pessimismus, ist sie doch geneigt, ihn mit dem Optimismus des amerikanischen Liberalismus der Rechte zu verbinden.

In den hier zum ersten Mal auf Deutsch vorliegenden Texten geht Judith Shklar der Rolle von Rechten in den verschiedenen liberalen Spielarten nach. Die drei Reden und ein Essay entstanden alle in ihrem letzten Lebensjahrzehnt. Sie bilden keine Summa ihres Schaffens und deuten vielmehr an, was unabgeschlossen bleiben musste. Weil sie in einiger zeitlicher und thematischer Nähe zueinander geschrieben wurden, weisen sie gewisse Überschneidungen auf, aber zusammen mit ihren letzten Büchern, *American Citizenship* und *Über Ungerechtigkeit*,[18] geben sie eine Ahnung davon, in welche Richtung ihr Projekt, das amerikanische politische Denken aufzuarbeiten, sich hätte entwickeln könne, wäre ihr noch die Zeit dazu geblieben. (Neben einem Buch zu den Rechten und Pflichten von Exilanten plante sie eine Monografie über Thomas Jefferson.)[19] Diese Texte zeigen auch, dass Shklars Liberalismusverständnis komplexer ist, als es der leicht zum Slogan erstarrende Liberalismus der

Furcht suggeriert. Das ist zwar der Liberalismus, den sie vorzieht, aber sie weiß auch, dass ›Liberalismus‹ selbst ein zu vager Begriff ist, um ihn ein für alle Mal festzuzurren, sondern eine Tradition aus Traditionen, die nicht vollständig voneinander zu trennen sind. Denn die Liberalismen, die Shklar beschreibt, sind *Idealtypen*,[20] auch wo sie historisch verwachsen sind: »Der Liberalismus der Furcht wurde in den Liberalismus der Rechte integriert. Aber der Unterschied besteht weiter«.[21] Und so könnten sich die Elemente des einen in anderer Zusammensetzung und Gewichtung auch in einem anderen finden – seien es Rechte, Gesetzesherrschaft oder eine »Staatsbürgerschaft der Wachsamkeit«,[22] die ihr besonders am Herzen lag. Aber wie für Shklar schon in ihrem Buch *Ganz normale Laster* gerade die Gewichtung von Werten zentral war, ist es auch hier der jeweilige höchste Wert oder Unwert, der als Ordnungskriterium den verschiedenen Liberalismen ihren Charakter verleiht. Keiner dieser Liberalismen schließt den anderen absolut notwendig aus und doch macht, was als schlimmstes Übel an erster Stelle steht, zwischen ihnen den größten Unterschied.

Der erste Text, »Rechte in der liberalen Tradition«, erschien in Shklars Todesjahr 1992. Es mag ihm die Rolle eines Leitfadens zuweisen, dass sie ihn fast genau zehn Jahre vortrug, nachdem sie ihr Konzept des Liberalismus der Furcht das erste Mal eingeführt hatte,[23] und hier direkt an den so benannten Essay von 1989 anknüpft. Sie buchstabiert die dort nur angeschnittenen Liberalismen gewissermaßen aus. Neben dem romantischen Liberalismus der persönlichen Entwicklung, der nicht viel auf Rechte gibt,[24] und dem Liberalismus der Furcht, dessen Ansprüche sie nun höher steckt als noch wenige Jahre zuvor und ihm ein Rousseau'sches Demokratieethos zugesellt, sind das vor allem die genannten Liberalismen der Rechte und der Herrschaft der Gesetze. Ersteren entwickelt sie detailliert in »Die Idee der Rechte in der Frühphase der amerikanischen Republik«, einem bisher auch auf Englisch unveröffentlichten Vortrag, den sie während ihres Gastjahres 1983/84 in Cambridge hielt, wo sie einem Publikum gegenüberstand, das wenig Verständnis für den amerikanischen Rechtediskurs hatte. Ihnen stellte sie die historische Situation dar, in der sich der Liberalismus der Rechte entwickelte und dazu führte, dass »Amerikaner andauernd über Rechte« sprechen.[25] Der darauffolgende Text, »Politische Theorie und die Herrschaft des Gesetzes« (1987), entwickelt eine ausführliche Kritik eines defizitären Liberalismus – weil er rein

legalistisch argumentiert und normativer Leit-
ideen entbehrt, ist er auf die Unterstützung der
anderen, kulturell verankerten Liberalismen
angewiesen. Dass der Liberalismus der Rechte
wirklich auf einer bestimmten Rechtskultur
basiert, die von der europäischen zu trennen
ist, verdeutlicht sie im letzten Text, einem von
ihr selbst auf Französisch für eine Genfer Konferenz verfassten Vortrag, »Positive Freiheit
und negative Freiheit in den Vereinigten Staaten« (1989), den Dirk Höfer für diesen Band
übersetzt hat.[26] Hier zeigt sie, dass diese Unterscheidung, die von Isaiah Berlin für einen
europäischen Kontext popularisiert wurde, auf
den Liberalismus der Rechte nicht zutrifft. Die
amerikanische Entdeckung war gerade, dass
die Freiheit von äußerem mit der Freiheit von
innerem Zwang verbunden ist, dass der Einzelne nicht wirklich frei sein kann, wenn er
es mit seinem Gewissen nicht vereinbaren
kann, in einer Gesellschaft zu leben, die andere unterdrückt. Hier gehen der europäische,
von der Französischen Revolution her gedachte
und der amerikanische Rechtediskurs getrennte
Wege.

Es liegt nicht zuletzt an dieser langen Tradition des amerikanischen *rights talk*, dass in
den Vereinigten Staaten etwa der Meinungsfreiheit oft Vorrang vor Persönlichkeitsrechten

eingeräumt wird. Das erklärt vielleicht, dass dort die gleichgeschlechtliche Ehe ein derartiger Kulminationspunkt schwelender politischer Differenzen ist, während solche Vorstöße in Deutschland sehr spät aufgegriffen und viel weniger emotional geführt wurden. Dass Rechte verletzt werden oder Rechte nicht gleich verteilt sind, scheint in den USA eine tiefere öffentliche Reaktion auszulösen als hierzulande, wo dieser Status vielleicht eher der Idee der Würde zukommt, der man, anders als in den Vereinigten Staaten, konstitutionellen Rang einräumt. Die jüngste politische Entwicklung wird die Robustheit dieser Rechtetradition freilich erneut erweisen müssen, und Shklar selbst betont die »Spannung zwischen einer anerkannten Ideologie gleicher politischer Rechte und dem tiefsitzenden, geteilten Wunsch, breite Menschengruppen von der Staatsbürgerschaft auszuschließen, die jede Stufe der amerikanischen Demokratie bestimmt hat.«[27] Die Auffassung, dass Rechte nicht einfach *gelten*, sondern *geltend gemacht* werden müssen, und dass ein *Kampf um Rechte* die Frage beinhaltet, wer sich, allein oder kollektiv, als Rechteinhaber definiert und als solcher anerkannt wird – all das ist allerdings auch für uns relevant, hat doch die amerikanische Diversität Rechtekämpfe herausgefordert, die den lange Zeit homogeneren europäischen Nationalstaaten erst noch bevorstehen, aber unvermeidbar sind.

Für deutsche Leser mag es dann auch ein glücklicher Zufall sein, dass zwei der vorliegenden Texte explizit für ein nichtamerikanisches Publikum geschrieben wurden. Sie bieten so nicht nur eine Einführung in das Werk Shklars, sondern auch in eine Tradition politischer Theorie, die hierzulande oft beiseitegeschoben wird. Shklar selbst war dieser Aufklärungsgedanke wichtig. »Überhaupt wäre es für englische und europäische Politiktheoretiker ratsam, die Geschichte des politischen Denkens in Amerika genauer zu studieren, als dies gegenwärtig geschieht«, schrieb sie. Dabei ging es ihr nicht um vermeintliche europäische Arroganz, sondern darum, dass auch diese Tradition Europäern intellektuellen Mehrwert bieten könne, sofern sie Bürger liberaler Demokratien sind. Schließlich sei es sehr schwierig, »sich vorzustellen, was moderne Rechte oder moderen Staatsbürgerschaft bedeuten, wenn man sie nicht im historischen Kontext einer repräsentativen Demokratie betrachtet, vor allem einer so alten und komplexen wie den Vereinigten Staaten«.[28]

Rechte in der liberalen Tradition

Als mir Timothy Fuller vorschlug, über ›Rechte in der liberalen Tradition‹ zu sprechen, wusste ich sofort zu schätzen, dass er mich *nicht* um eine Vorlesung über ›Liberalismus‹ gebeten hatte. Liberalismus ist oft nur ein Etikett, wohingegen die Wendung von der liberalen Tradition zu einer Diskussion anregt, statt zum Griff nach dem Wörterbuch. Die liberale Tradition nämlich enthält eine Vielzahl von Denktraditionen, die sich unter anderem in der Art und Weise unterscheiden, wie sie den Begriff der Rechte verwenden. Es gibt nur eine einzige Gesinnung, die dem liberalen Geist eine charakteristische Kontinuität verleiht: die Überzeugung, dass menschliche Würde persönliche Gedanken- und Handlungsfreiheit verlangt. Anhand dieser Richtschnur möchte ich heute Abend auf eine Suchexpedition gehen, in deren Verlauf ich hoffe, über die vielen Spielarten innerhalb der liberalen Tradition und auch über Rechte etwas Nützliches zu sagen.

Lassen Sie mich beginnen, indem ich an die älteste, nicht unmittelbar politische Verwendung des Wortes ›liberal‹ erinnere. *Liberalitas*, Freigiebigkeit (*liberality*) wurde seit der klassischen Antike als eine Art von Großzügigkeit geschätzt, als die Bereitschaft, mit anderen Zeit und Güter zu teilen. Frei und offen zu geben gehört wesentlich zu einem guten Charakter und jeder, dem etwas an der Vervollkommnung seiner Persönlichkeit gelegen ist, wird diese Tugend kultivieren. Sie steht aber leider nicht jedem frei, weil man, wie Aristoteles von Anfang an betonte, über eine gewisse Menge weltlicher Güter verfügen muss, um überhaupt in diesem Sinne liberal sein zu können. Diese Einschränkung trug sicher viel dazu bei, Freigiebigkeit als menschliche Tugend in Verruf zu bringen. Vor allem aber wurde sie bald durch etwas sehr Verschiedenes ersetzt – christliche Barmherzigkeit. Spätere Liberale, die Freigiebigkeit mit Geburt und Reichtum in Verbindung brachten, verachteten sie als Zurschaustellung des eigenen Klassenstatus. Montesquieu beispielsweise tat sie ab als bloße Form von Stolz und selbstverliebter Ehre. Ich erwähne dies, weil Freigiebigkeit selbstbezogen und Teil einer Selbstvervollkommnungsethik ist. Sie ist keine Reaktion auf die Bedürfnisse oder Ansprüche anderer.

Deren Wünsche, Forderungen, geschweige denn Rechte, gelten ihr nichts – nur die eigene Persönlichkeit zählt. Dennoch glaube ich, dass wir *liberalitas* nicht einfach aus der liberalen Tradition ausschließen können, nur, weil sie nichts zu *politischer* Freiheit beiträgt. Freigiebigkeit schließt durchaus ein Interesse an Freiheit ein. Liberale müssen frei sein, ihre eigene Weltoffenheit zu pflegen, und dürfen in der Entscheidung, wie sie ihre Gunst verteilen, nicht eingeschränkt werden.

Freiheit spielt auch in einem anderen alten und nicht unmittelbar politischen Gebrauch des Wortes ›liberal‹ eine Rolle, nämlich wenn sie in den *artes liberales* als eine bestimmte Art von Bildung beschrieben wird. Zu keinem Zeitpunkt war die freie, allgemeine Bildung (*liberal education*) ein für alle Mal festgeschrieben. Durch die Jahrhunderte erfuhr sie tiefgreifende Veränderungen, von den festgefügten Disziplinen der mittelalterlichen Universitäten, über die humanistische und rhetorische Ausbildung in der Renaissance, bis zu den Curricula, die in den letzten zwei Jahrhunderten an Schulen und höheren Lehranstalten gegolten haben. Was all diese Arten, die Jugend zu bilden, liberal machte, war das durchgehende Ziel, sie nicht nur von Unwissenheit zu befreien, sondern auch von jener geistigen Beschränktheit,

die uns befällt, wenn wir Sprachen, Empfind-
samkeiten und Gedanken von Völkern, die
ganz anders sind als wir, nicht zu verstehen
lernen, weil sie in Zeit, Raum und Sitten so
weit von uns entfernt sind wie die alten Grie-
chen in jeder Hinsicht von modernen Europäern. Durch Neugier und intellektuelles Ein-
fühlungsvermögen sollen sich Menschen jeden
Alters befreien können. Man muss frei sein,
sich zu verändern, sonst hat es keinen Sinn, etwas derart Fernes wie Platons *Staat* zu lesen
oder seinen Geist darin zu üben, die Grundlagen der Astronomie zu verstehen. Wissenschaft und Abstraktion sind ein Heilmittel
gegen das allzu Offensichtliche.

Weil sie allgemeine Freiheit versprach, spielte
Bildung immer eine wesentliche Rolle in der
liberalen politischen Tradition. Prinzipiell soll
eine liberal erzogene Person die Erfahrung der
ganzen Menschheit nachvollziehen können.
Außerdem versteht man die freien Künste als
einen Schatz, der für jeden Wert hat und jedem zur Verfügung steht, der zu lernen willens
und fähig ist. Es wäre allerdings falsch zu behaupten, dass in der Idee freier Bildung schon
selbst ein allgemeines Recht auf Bildung ent-
halten wäre. Ursprünglich hielt man es für
selbstverständlich, dass nur die müßigen Klassen überhaupt Zugang zu Bildung erwarten

konnten. Auch das ist eine Freiheit ohne Rechte, aber das Band zwischen der liberalen Tradition und freier Bildung ist echt, weil die Folgen der Unwissenheit selbst zu einem Gefängnis werden.

Ich erwähne *liberalitas* und die *artes liberales* um zu zeigen, wie viele Vorstellungen von Freiheit es gibt, die alles andere als unmittelbar politisch sind. Ich glaube nicht, dass politische Freiheit in jedem Fall die einzige Art von Freiheit ist, auf die es ankommt, aber es ist gut möglich, dass sie zu einer wesentlichen Bedingung für alle anderen geworden ist. Wenn wir heutzutage über die liberale Tradition sprechen, ist politische Freiheit das, was wir für gewöhnlich im Sinn haben. Was uns die nicht-politischen Verwendungsweisen des Wortes ›liberal‹ ins Gedächtnis rufen sollte, ist, dass selbst in der Politik Persönlichkeiten und Geisteshaltungen einen wesentlichen Teil unseres Denkens über Freiheit ausmachen.

Wenn wir uns liberaler Politik zuwenden, stehen wir augenblicklich der reichen Verschiedenheit einer Tradition vieler Traditionen gegenüber. Ich kann hier unmöglich einen vollständigen Katalog vorlegen, deshalb werde ich mich darauf beschränken, nur vier Arten vorzustellen, von denen alle noch immer lebendig sind und, wie ich meine, weiter gedeihen;

jede von ihnen hat ihre eigenen Ansichten über Rechte. Lassen Sie mich sie aufzählen. Zuerst gibt es den Liberalismus der individuellen Selbstentwicklung, dann den Liberalismus der Rechtssicherheit; drittens gibt es, was ich den Liberalismus der Furcht nenne und schließlich, und für uns hier am wichtigsten, ist da der Liberalismus der Rechte. Ich verwende das Wort Liberalismus recht frei und meine damit lediglich diejenigen politischen Doktrinen, die sehr großen Wert auf die größtmögliche persönliche Freiheit eines jeden in der Führung seines oder ihres Lebens legen, die vereinbar ist mit der gleichen Freiheit jeder anderen erwachsenen Person. Im Fall des Liberalismus der Rechte ist es das höchste politische Prinzip. Und sehr bewusst habe ich jetzt ›ismus‹ an das Wort ›liberal‹ gehängt, um zu zeigen, dass wir uns nun operativen politischen Überzeugungen zuwenden.

Ich beginne mit dem Liberalismus der persönlichen Entwicklung, nicht, weil er chronologisch der erste, sondern weil er der am wenigsten politische ist und zudem der oben erwähnten Art von *liberalitas* am nächsten kommt. Allen Personen den größtmöglichen Raum zur Selbstdarstellung zu geben, sei es in Rede oder dem, was man heute Lebensstil nennt, wird mit dem Argument beworben, dass sie andernfalls nicht alle ihre Potenziale entwickeln könnten. Die größte Bedrohung für unsere Selbstentwicklung sei darüber hinaus nicht lediglich die politische Unterdrückung von Regierungen, sondern der Druck, den Konventionen und Überzeugungen unserer Gesellschaft zu entsprechen, die dabei oft ›die Masse‹ genannt wird. Gesellschaften besäßen die Neigung, jedem eine eintönige Uniformität aufzuzwingen. Der Genius origineller und kreativer Individuen werde darunter zermalmt; sie erlitten Verfolgung, Spott und Ablehnung und könnten die in ihnen angelegten Talente nie entwickeln.

Intellektuelle Tätigkeit erfordere außerdem ganz allgemein eine völlige Freiheit des argumentativen Meinungsaustausches, damit am Ende die Wahrheit triumphieren könne. In jedem Fall bildeten wir im Angesicht gewichtiger Einwände bessere Argumente heraus, als wenn jede aufrichtige Opposition fehlte. Diese Ansichten werden ganz richtig mit John Stuart Mill in Verbindung gebracht. Für ihn brachte politische Freiheit ohne Frage soziale Vorteile mit sich, da seine Hoffnungen auf gesellschaftlichen und intellektuellen Fortschritt von kreativer Selbstbehauptung abhingen. Er meinte, dass wir alle von nach lebhafter Deliberation gefällten Entscheidungen profitieren würden, die in einem gesellschaftlichen Klima entstehen seien, das erfinderischen und risikofreudigen Einzelnen entgegen kommt.

Die gesellschaftlichen Vorteile der Freiheit geben dem Liberalismus der persönlichen Entwicklung aber nicht seine eigentliche Dringlichkeit. Wesentlich für ihn ist die Auffassung, dass Individualität das größte menschliche Gut sei. Das sollte man nicht mit Individualismus verwechseln, der gemeinhin bloß die Präferenz für persönliche Unabhängigkeit in der Führung des eigenen Lebens anzeigt. Individualität bedeutet mehr. Sie legt größten Wert auf die Schaffung einer einzigartigen Persönlichkeit – einer, die nicht nur den innersten Tendenzen der Person entspricht, sondern auch von allen anderen grundlegend verschieden ist. Nur die Ausbildung eines einzigartigen Selbst mache das Leben lebenswert und das beste Selbst sei das kreative Genie. Freilich besäßen alle Menschen eine gewisse schopferische Einbildungskraft und jeder von uns könne ein Leben gestalten, das Ausdruck einer gänzlich unvergleichlichen, selbstgeschaffenen Persönlichkeit sei. Das sei ein Projekt, für das der Druck der Gesellschaft – sicherlich die Gesellschaft der Mittelschicht und vielleicht auch die Demokratie – eine ernsthafte Gefahr darstelle. Mill hielt die moderne Kultur der Mittelschicht und die Überbleibsel des Protestantismus für am erdrückendsten. Sein Freund Alexis de Tocqueville sorgte sich eher um die Demokratie und die Herrschaft der Mehrheit. Aber nicht alle Philosophen der Individualität waren so besorgt wie diese beiden. Emerson rief in *Self-Reliance*, seinem berühmtesten Essay, ganz demokratisch jeden einzelnen dazu auf, ›sich selbst zu vertrauen‹ und den Neigungen des eigenen Herzens entsprechend zu handeln.

Diese Art des Liberalismus verdankt ohne Frage einiges der Literatur und Weltanschauung der Romantik. Und während sie Rechten zwar nicht feindlich gegenübersteht, so hat sie doch auch kein sonderliches Interesse an ihnen. Rechte setzen gemeinsam geteilte Regeln voraus, in Bezug auf die wir alle Ansprüche gegeneinander erheben, und Regeln tendieren dazu, hemmend und verallgemeinernd zu wirken. Die Romantik steht ihnen daher sehr misstrauisch gegenüber, seien sie nun Regeln der Konvention oder des Rechts. Sie alle bedrohen die Einzigartigkeit und den expressiven Drang des Individuums. Die Konvention verhelfe dem Mittelmaß und einem gedankenlosen Sichfügen ins Gegebene zum Durchbruch, während Gesetze der Wille der Mehrheit seien. Als Tocqueville von der Tyrannei der Mehrheit sprach, vor allem im zweiten

Band der *Demokratie in Amerika*, hatte er dieses langsame Aufreiben der Individualität im Sinn. Freiheit bedeutete für ihn, von der toten Last der Meinungen jener braven Schafherde frei zu sein.

Romantische Freiheit versteht sich nicht als Ansammlung von Rechten, sondern als eine Suche nach Schöpferkraft. Wie die *liberalitas*, mit der ich meine Darstellung begann, ist sie ein Ideal der Selbstvervollkommnung, beinhaltet aber auch eine politische Theorie, weil sie die Individualität als in einem beständigen Konflikt mit den Regeln und Regulationen der Gesellschaft befangen sieht und politische und soziale Institutionen unter diesem Gesichtspunkt bewertet. Unter allen Doktrinen der liberalen Tradition ist sie am ehesten darauf bedacht, eine klare Linie zwischen den Bereichen des Privaten und des Öffentlichen zu ziehen. Um mit Thoreau zu sprechen: Die *res publica* ist nicht sonderlich wichtig und muss auf Distanz zur *res privata* gehalten werden, wobei die letztere so umfassend wie möglich sein muss, während erstere zur Bedeutungslosigkeit herabsinken soll. Der Liberalismus der Individualität träumt vom Triumph unserer persönlichsten Hoffnungen.

Die nächste Tradition, die ich vorstellen möchte, ist der Liberalismus der Rechtssicherheit oder der ›Herrschaft des Gesetzes‹ (*rule of law*), wie er auch oft genannt wird.

Hier bedeutet Freiheit die Versicherung, dass wir alle unter einer Regierung klarer, bekannter allgemeiner Regeln leben, die in allen Fällen unparteiisch und fair von unbestechlichen Staatsbediensteten zur Anwendung gebracht werden. Niemand darf eines Verbrechens ohne ein die Tat zum Zeitpunkt ihrer Verübung unter Strafe stellendes Gesetz angeklagt werden und niemand darf bestraft werden, bevor er oder sie auch zweifellos als Täter erwiesen worden ist. Kein Verbrechen ohne Gesetz und keine Strafe ohne Verbrechen. Mehr noch: Das Gesetz muss dem Temperament und den Bedürfnissen eines Volkes angepasst sein und ihm alle Möglichkeit bereitstellen, seine Vorlieben und Interessen auszudrücken, so dass ihm die Regeln, unter denen es lebt, auch wirklich entsprechen und dem nach seinem Verständnis größten Gut der größten Zahl in bester Weise dienen. Dazu mag ein demokratisches Regime notwendig sein und in Jeremy Benthams Version dieser Haltung war das auch der Fall, aber Demokratie wird für die Herrschaft des Gesetzes sicherlich nicht immer für nötig erachtet. Wesentlich ist eine konstitutionelle Regierung – eine Regierung, die von strengen Regeln in der Führung ihrer Angelegenheiten begrenzt ist und sich für jede Verletzung des Rechtes vor einem ordentlichen Gericht zu verantworten hat.

Der Einzelne findet hier Freiheit in Sicherheit. Beide fallen sogar mehr oder weniger zusammen. Freiheit ist dieser Auffassung zufolge das zweifellose Wissen, innerhalb der Sphäre, die einem durch das Gesetz zum eigenen Ermessen zugewiesen wurde, die vollkommene Sicherheit zu besitzen, tun zu können, was man möchte, und stets in der Lage zu sein, die Art und Weise abzuschätzen, in der der Staatsapparat seinen Bürgern gegenüber tritt. Jeder Mann und jede Frau sollen fähig sein, ihre Leben frei und innerhalb eines breiten Rahmens allgemeiner Regeln zu planen. Dies ist ein Liberalismus, der sich selbst nicht in Opposition zu Regierungen als solchen definiert, sondern sich gegen absolute und willkürliche Staaten richtet, die beide zu Krieg und Illegalität neigen. Wenn der Liberalismus der individuellen Entwicklung viel der Dichtung verdankt, so ist ein solcher Liberalismus der Fairness offensichtlich nicht von den Idealen der Gesetzlichkeit zu trennen.

Dieser, der ›Herrschaft des Gesetzes‹ verpflichtete Liberalismus, scheint der Idee der Rechte freilich oft sehr feindselig gegenüberzustehen. Wer könnte Jeremy Benthams Spottwort vergessen, dass Rechte »Unsinn auf Stelzen« seien, und seine Mahnung, dass die Regierung nicht unsere Rechte befördern, sondern uns unsere Pflichten lehren solle?[1] Was er damit sagen wollte, war nicht ganz so erbittert wie es sich anhört. Er nahm Anstoß am Konzept natürlicher, vorgesellschaftlicher Rechte, das in seinen Augen Verbrechen und Anarchie zu schüren drohte. Trotzdem wohnt dem Gedanken von persönlicher Sicherheit als dem höchsten gesellschaftlichen Gut ohne Frage seine eigene Vorstellung von Rechten inne. Der rechtliche Schutz, der jeder Person ein Gefühl völliger Sicherheit beim Genuss ihres Eigentums und ihrer friedlichen Aktivitäten beschert, bedeutet implizit, dass sie über eine ganze Reihe von aus dem Gesetz hervorgehenden Rechtserwartungen und -ansprüchen verfügt. Sicherheit bezeichnet hier alle möglichen Garantien für einen fairen Prozess in zivil- und strafrechtlichen Fällen sowie in Verfahren, die Bürger gegen gesetzesbrüchige Staatsvertreter vorbringen mögen. Wir sollten immer daran denken, dass die meisten der zehn Zusatzartikel unserer Verfassung, die die *Bill of Rights* ausmachen, das Recht auf faire Gerichtsverfahren betreffen. Der Liberalismus der Rechtssicherheit ist Rechten gegenüber also keineswegs indifferent, sondern betrachtet sie als Instrumente, als Mittel zur Erreichung eines größeren gesellschaftlichen und persönlichen Gutes – der Sicherheit und dem mit ihr einhergehenden Frieden und Wohlstand.

Es gibt eine Reihe von Rechten, die der Liberalismus der ›Herrschaft des Gesetzes‹ als Hauptschöpfungen des positiven Rechts besonders hochhält. Das sind das Recht auf Eigentum und die mit ihm einhergehende Freiheit wirtschaftlichen Handelns unter dem sicheren Dach des gesetzestreuen Staates. Ich will damit nicht sagen, dass dies die einzige Form von Liberalismus ist, die die Freiheit des Marktes als fundamentales öffentliches Gut behauptet, aber zum Zweck einer klaren Übersicht über die liberale Tradition möchte ich den Vorrang betonen, der wirtschaftlicher Freiheit und dem Recht auf Privateigentum – die beide wesentlich Rechtssicherheit voraussetzen – von der ›Herrschaft des Gesetzes‹ verpflichteten Liberalen zugeschrieben wird.

Dies ist zweifellos eine authentische Form von Liberalismus und ihre Verteidiger halten persönliche Freiheit für eines der wichtigsten Güter, die aus der rechtlichen Begrenzung von Regierungen und der Herrschaft des Gesetzes gewonnen werden können. Allerdings ist der Ursprung und die Begründung von Rechten für die Anhänger der ›Herrschaft des Gesetzes‹

nicht von entscheidender Wichtigkeit. Was für sie wirklich zählt, ist Sicherheit, Wohlstand und Gedanken- und Handlungsfreiheit. Sicherheit und Freiheit hält man hier für schlichtweg untrennbar miteinander verbunden und Rechte sind die zu ihrer Erlangung konstruierten legalen Mittel. Darin liegt auch die enorme Attraktivität dieses Liberalismus für Menschen, die unter autokratischen, totalitären oder anarchischen Regimes zu leiden hatten.

Dieser Gedanke bringt uns zu einer dritten liberalen Tradition, dem Liberalismus der Furcht. In seiner elementarsten Form fürchtet dieser Liberalismus die Furcht selbst und ist sehr alt: Das erste Mal erscheint er im frühneuzeitlichen Europa inmitten der Gewalt der Religionskriege und hat seine Relevanz seitdem nicht verloren. In unserem furchtbaren Jahrhundert betrachtet er ungleich verteilte militärische Macht als Hauptquelle aller Bedrohungen von Leib und Leben und erkennt moderne Regierungen als die Hauptquelle des großen politischen Bösen unserer Zeit – systematischer, dauerhafter und organisierter Grausamkeit. Das bedeutet keineswegs, dass er nichtstaatlichen Machtkomplexen und den Verheerungen, die diese anrichten können, gleichgültig gegenüber stünde, doch der Liberalismus der Furcht schaut zuallererst auf militarisierte Staatsapparate und denkt über die Arten und Wege nach, auf denen ihnen im Interesse der Freiheit von Furcht Einhalt geboten werden kann.

Nicht alle, die in der Geschichte die menschliche Grausamkeit für unser größtes Laster gehalten und die Furcht gefürchtet haben, sind auch Liberale gewesen. Die Staatsmänner und Schriftsteller, die im Frankreich des 16. Jahrhunderts *les politiques* genannt wurden, waren hauptsächlich daran interessiert, eine starke Monarchie zu etablieren, um den Schlächtereien des Bürgerkriegs ein Ende zu setzen und die religiösen Leidenschaften aus der Politik zu verbannen. Sie hielten die Tolerierung verschiedener Konfession für keine an sich wertvolle Haltung, sondern suchten lediglich nach einem Weg, religiös motivierten Mord zu beenden und mit ihm jene Schrecken, deren Zeugen wir heute im Libanon und in Nordirland werden. In unserer Zeit hegt der Liberalismus der Furcht größere Erwartungen als nur die Forderung nach ›Frieden um jeden Preis‹. Er steckt sich höhere Ziele. Er will nicht nur die Beseitigung des Terrors, sondern auch die Einhegung aller Quellen vermeidbarer Furcht, dabei immer darauf bedacht, die persönliche Freiheit aller zu vergrößern. Er setzt seine Hoffnung darein, eine Gesellschaft zu errichten, in der ein jeder sein Leben zu führen vermag, ohne Einschüchterung von öffentlichen oder privaten Akteuren fürchten zu müssen. Der Liberalismus der Furcht neigt infolgedessen dazu, die Verringerung jeder Form von sozialer Ungleichheit zu unterstützen. Ohne im Mindesten einen Zustand völliger Gleichheit anzustreben, sucht er lediglich solche Ungleichheiten einzudämmen, die die Macht effektiver Bedrohung in die Hände einiger Weniger legen. Jegliche Konzentration gesellschaftlicher Macht, die Menschen der Furcht aussetzt, ihrer Anstellung, Gesundheit und Bildung beraubt zu werden, ist abzulehnen. Dies ist ein Liberalismus, der weniger egalitär als antimonopolistisch ist, und in der Tat war dies für viele Jahrhunderte eine seiner charakteristischsten Eigenschaften.

Die Befürchtung, dass gesellschaftlich organisierte physische Macht unvermeidlich ist, hat seit dem Ersten Weltkrieg viel an Plausibilität gewonnen. Bis 1914 glaubte man allgemein, dass in Europa und Nordamerika die Folter als staatliche Praxis abgeschafft worden sei, doch geheimdienstliche Zwänge und die Loyalitäten, die dieser Krieg einforderte, brachten sie sogar in den sogenannten zivilisierten Nationen zurück. Die großen technologischen Fortschritte im Bereich der Foltermittel trugen ebenfalls viel zu ihrer Rückkehr und nachfolgenden Verbreitung bei. Das Ergebnis ist, dass heute jeden Tag irgendwo auf der Welt Menschen gefoltert werden und Amnesty International nicht so bald Gefahr läuft, den Betrieb einstellen zu müssen.

Der Kampf gegen staatlichen Terror ist nicht alles, was dem Liberalismus der Furcht seine fortdauernde Relevanz verleiht. Sie wuchs auch mit den leidenschaftlichen Wirren im Zeitalter der Ideologien. Lockes *Brief über die Toleranz* könnte man als den klassischen Text des Liberalismus der Furcht bezeichnen. Er argumentiert, dass religiöser Glaube und religiöse Vereinigungen freiwillige und private Erfahrungen und Unternehmungen seien und Glaube oder doktrinelle Treue nicht mit Zwang durchgesetzt werden dürfe. Nichts könne schließlich leichter den Willen schüren, mit dem Schwert zu überzeugen und Bekehrung durch Ausrottung zu betreiben, als die absolute Selbstsicherheit ideologischer Inbrunst. Was die Religion begonnen hatte, führten die Ideologien im Laufe ihrer mörderischen Laufbahn seit dem Ende des letzten Jahrhunderts fort und zeigten, wie dünn der Firnis zivilisierter Selbstbeherrschung in Europa wirklich war.

Für den Liberalismus der Furcht ist die Tolerierung gegensätzlicher Ansichten daher nicht lediglich ein Mittel zur bloßen Friedenssicherung oder Förderung romantischer Selbstentwicklung. Er hält Toleranz und Mäßigung für die liberalen Tugenden schlechthin und erkennt in ihnen in hohem Grade bewundernswerte menschliche Züge. Überdies verlangt er ein hohes Maß an Selbstkontrolle, denn es ist nicht leicht, sich mit der Idee abzufinden, dass man seine Ansichten und seinen Willen nur in den seltensten Fällen anderen erwachsenen Personen aufzwingen darf. Rechte haben hier eher die Funktion von Einschränkungen als von Ansprüchen und doch sind sie von Bedeutung. Rechte werden durch die Pflicht definiert, von einschüchternden Verhaltensweisen Abstand zu nehmen, die die Verbreitung von Furcht zu legitimieren imstande wären. Rechte sind legale und politische Stoppschilder, die einem sagen, dass man ungerechtfertigte Furcht erregt, wenn man in Argument, Geste, Verbot und Drohung einen gewissen Punkt überschreitet. Die schlimmstmögliche Folge ist dabei stets, dem Erregen von Furcht gesellschaftliche Legitimation zu verschaffen. Dem Liberalismus der Furcht bedeutet Freiheit nicht einfach, keinen Beschränkungen zu unterliegen, sondern frei von der Zufügung psychologischer und körperlicher Furcht zu sein.

Der Liberalismus der Furcht geht daher

über die Sicherheit der Gesetze hinaus, für die der Liberalismus der ›Herrschaft des Gesetzes‹ eintritt. Denn obwohl ihnen gemeinsam ist, dass sie beide geballter Macht in den Händen der Regierungen dieser Welt feindselig gegenüber stehen, verlangt der Liberalismus der Furcht doch mehr. Er fordert zu prinzipiengeleiteter Tolerierung, zum Abbau gesellschaftlicher Ungleichheiten auf und beschränkt sich nicht auf das Recht, um Menschen gegen die Furcht vor rücksichtsloser Grausamkeit zu schützen. Er achtet aufmerksamer auf die Bedingungen der Freiheit, auf gesellschaftliche und persönliche Einrichtungen, die Freiheit ermöglichen. Jung und Alt, Männer und Frauen zu bilden und zu ermächtigen soll sie zu selbstständigen und aktiven Staatsbürgern machen und sie dazu befähigen, eher ihre Unversehrheit als ihre Individualität zu verteidigen. Durch Propaganda und Waffen mit unbeschreiblicher Schlagkraft eingeschüchtert und in Furcht vor einer womöglich noch schlimmeren Zukunft, stehen dem Einzelnen so wenig Ressourcen wie nur je zur Verfügung um sich gegen Furcht und Demütigung zu schützen. Der Liberalismus der Furcht trägt diesen Umständen Rechnung, wenn er bei jeder Gelegenheit für politische Entscheidungen, Praktiken und Überzeugungen wirbt, die die politischen Quellen von Furcht vermindern und uns hinreichend Kraft geben, uns selbst und andere zu respektieren und zu lernen, mit denjenigen, die anders sind als wir, zu diskutieren anstatt sie zu vernichten.

Das ist kaum eine utopische Haltung und es ist nicht schwer sich vorzustellen, wie eine Gesellschaft gegenseitig Nachsicht übender, furchtloser und in vernünftigem Maße optimistischer Menschen aussehen würde, selbst wenn wir nicht erwarten sollten, sie je zu Gesicht zu bekommen. Es wäre eine liberale Gesellschaft, in der die Regierung noch immer Zwang ausüben würde, aber nicht mehr als allgemein für unbedingt nötig erachtet, und in der niemand so arm wäre, sich verkaufen zu müssen, und niemand so reich, andere kaufen zu können. Diese Formulierung stammt natürlich von Rousseau[2] und sie dient dazu, den Liberalismus der Furcht mit einem demokratischen Ethos zu verbinden, das den Abbau sozialer Ungleichheiten verlangt. Dabei geht es allerdings weniger um Rechte als um die Vision persönlicher und öffentlicher Beziehungen ohne Furcht und Verdacht, die daher, auch wenn es in ihnen noch Pflichten und Sorgen um andere gibt, doch von jenem äußeren Druck und jenen Leiden frei sind, den uns die Furcht vor Entbehrungen auferlegt.

Es wäre falsch, den Liberalismus der Furcht zu eindeutig mit dem zu identifizieren, was gemeinhin negative Freiheit genannt wird. Isaiah Berlin hat diesen Ausdruck berühmt gemacht und er bestand darauf, dass Freiheit nur bedeuten könne, nicht von anderen beeinträchtigt zu werden, oder, in einer späteren Formulierung, ›offene Türen‹ zur Verfügung zu haben. Er kontrastierte negative mit positiver Freiheit, womit er die Befreiung unseres höheren, vernünftigen Selbst von den Fesseln unserer Leidenschaften und unserem niedrigeren Selbst meinte. Diese Freiheit bedeute nicht Unabhängigkeit von Einschränkungen, sondern Entlastung von den Bürden der Sünde, Irrationalität und eines falschen Bewusstseins. Das Problem mit positiver Freiheit besteht darin, dass sie leicht von autoritären und totalitären Regierungen missbraucht werden kann, die ihre Untertanen zu befreien erklären, indem sie sie dazu zwingen, den Forderungen des hoheren Selbst zu folgen – so wie dieses von der herrschenden Ideologie interpretiert wird. Es gibt allerdings keine politische Idee, die nicht verzerrt werden könnte. Auch die negative Freiheit kann zu einem Mittel der Zerstörung werden. Wenn wir nichts unternehmen, die Bedingungen der Freiheit zu schaffen, ist die Gefahr sehr groß, dass uns erlaubt wird, frei und ungehindert, ohne jedwede Einmischung und ohne, dass jemand eine Tür geschlossen hätte, in lähmender Krankheit oder Armut zu versinken. Fasst man die Gesellschaft realistisch in Hinblick auf ihre unvermeidlichen Ungleichheiten auf, so wird klar, dass die Mächtigen im Interesse der Freiheit der weniger Mächtigen in ihre Schranken verwiesen werden müssen. Der wesentliche Punkt ist stets, wie widerstreitende Forderungen in einer Weise abgewogen werden können, die effektive Einschüchterungen vermindert. Den Starken zu erlauben, ungehindert die Schwachen zu versklaven, ist in gleichem Maße ein Missbrauch negativer Freiheit wie erzwungene Indoktrinierung ein Missbrauch positiver Freiheit ist.

Vor allem für den Liberalismus der Rechte, den ich als letzte Strömung in der liberalen Tradition vorstellen möchte, ist die Unterscheidung zwischen negativer und positiver Freiheit unerheblich. Es handelt sich bei ihm um den Liberalismus, der in den Vereinigten Staaten entwickelt wurde. Die amerikanische Staatstheorie hat von jeher die Verwirklichung individueller Rechte als das Ziel aller legitimen Institution betrachtet. Rechte verstand man von Beginn an nicht als Mittel, sondern geradezu als das Herz einer gerechten Regierung. Der ganze revolutionäre Kampf gegen Großbritannien wurde in den Begriffen des Naturrechts ausgedrückt. Bis heute wird zudem das liberale Gewissen von der Unvereinbarkeit von Besitzsklaverei mit einer modernen konstitutionellen Republik heimgesucht. Und es war ein Übel, das nur durch eine neuerliche Bekräftigung der unveräußerlichen Menschenrechte abgeschafft werden konnte. Amerika wurde erst zu einer liberalen Gesellschaft, als der fünfzehnte Zusatzartikel zur Verfassung verabschiedet worden war.[3] Solange den Sklaven moralische und negative Freiheit verweigert wurden, stand die positive Freiheit aller auf dem Spiel und das Versprechen der Unabhängigkeitserklärung blieb unerfüllt. Um ihm endlich wieder Geltung zu verschaffen, bedurfte es eines Kampfes um Rechte. Und schließlich war in Amerika der Föderalismus derart mit der Fallrechtstradition des *Common Law* und der Notwendigkeit verbunden, eine geschriebene Verfassung zu interpretieren, dass der Judikative eine ganz einmalige Position innerhalb des politischen Systems zukam. Das hatte zur Folge, dass der allgemein vorherrschende Rechtsdiskurs mit seiner Sprache von Ansprüchen, Gegenansprüchen und widerstreitenden Rechten besonders tiefe Spuren im amerikanische Liberalismus hinterließ. Es ist kaum erstaunlich, dass jeder von uns Rechte ernst nimmt.

Lassen Sie mich mit dem revolutionären Erbe beginnen und mit dem strahlenden Einfluss der Unabhängigkeitserklärung, der weit in das neunzehnte Jahrhundert hinein wirkte. Man kann die Traktate der amerikanischen Revolution nicht lesen, ohne wieder und wieder auf den Namen und die Worte des ›großen Mr. Locke‹ zu stoßen. John Lockes Doktrin der Naturrechte lieferte eindeutig den Rahmen, innerhalb dessen die Amerikaner ihre Unzufriedenheit mit Großbritannien formulieren konnten. Sie lasen Lockes *Zweite Abhandlung über die Regierung* sehr einfach und sehr wörtlich. Sie waren keine einen Text dekonstruierenden Akademiker. Sie fanden in diesen Seiten, dass alle menschlichen Wesen mit einem natürlichen Recht auf Leben geboren seien, weil Gott sie geschaffen und dazu bestimmt habe, sich und alle anderen menschlichen Wesen am Leben zu erhalten. Aus diesem Grund benötigten sie Freiheit und Eigentum um sich zu versorgen und körperlich und moralisch zu entwickeln. Weil Eigentum aus der Vermischung physischer Anstrengungen mit den Gütern der Erde hervorgehe, sei es geradezu ein Teil des menschlichen Körpers. Im Großen und Ganzen stellten die Menschen keine Bedrohung füreinander dar, aber es gebe doch hin und wieder Streitigkeiten, die einen sie schlichtenden und seinen Schiedsspruch durchsetzenden Obmann erforderten. Andernfalls drohten Meinungsverschiedenheiten zu eskalieren. Aus diesen Zwängen heraus schlössen rationale Menschen einen Vertrag, per Mehrheitsentscheidungen grundlegende Gesetze zu erlassen, die Besitz in legales Eigentum verwandelten, Verbrechen definierten und eine in ihren Kompetenzen streng begrenzte Regierung errichteten. Diese besitze eine treuhänderische Macht zum Schutz der Naturrechte auf Leben, Freiheit und Eigentum und für die Sicherheit der Bürger. Wenn sie dem in sie gesetzten Vertrauen nicht gerecht werde, dürfe sie von der Mehrheit der Bürger gestürzt werden.

Das ist zwar keine subtile Lektüre Lockes, aber sie enthielt, worauf es den erzürnten Kolonisten ankam, als sie sich Großbritannien entgegenstellten. Sie waren, nicht anders als Locke, sehr altmodische Revolutionäre. Sie hatten keine bessere oder umgestürzte Zukunft im Sinn und waren keine prophetische historische Avantgarde. Sie sahen sich selbst als geduldige, schwergeprüfte, folgsame Untertanen, die durch wiederholte und neuartige Machtmissbräuche zur Einsicht gelangt waren, dass das Parlament sein Vertrauen verspielt habe und zu einem bloßen Tyrannen geworden sei, der die uralte Verfassung im Stich gelassen und die natürlichen Menschenrechte mit Füßen getreten hätte. Zudem hatte das Parlament auch ihre Rechte als Engländer verletzt, weil es sie als weniger wert als ihre europäischen Vettern behandelte, insbesondere indem es ihnen Steuern abnahm, ohne ihnen auch politische Repräsentation zuzugestehen. In jedem Fall waren sie ihrer Rechte beraubt worden und sahen sich zur Rebellion verpflichtet – widerstrebend, wie sie erklärten.

Es ist überzeugend gezeigt worden, dass Locke bei weitem nicht die einzige Quelle des revolutionären Denkens in Amerika war. Bernard Bailyn und andere haben uns ganz richtig darauf hingewiesen, dass frühere Doktrinen, die bis auf den Englischen Bürgerkrieg zurückgingen, ebenfalls ihre Rolle spielten.[4] Aus diesen älteren republikanischen Ideen speiste sich eine Furcht vor Nachlässigkeit und Anarchie unter den Herrschenden und eine besondere Sorge um staatsbürgerliche Disziplin und öffentliche Tugenden und Laster. Diese Themen waren mit der Locke'schen Rechtetheorie freilich ausgezeichnet zu vereinbaren. In Neuengland bestärkten sich beide Argumentationslinien gegenseitig. Man nehme nur Samuel Langdons Wahlpredigt, die er 1775 in Cambridge, Massachusetts hielt.[5] Das Denken dieses Mannes gleicht einer archäologischen Ausgrabungsstätte. Puritanische, staatsbürgerliche und Locke'sche Formulierungen sind hier aufeinandergehäuft. Er war sich sicher, dass die Amerikaner für ihre nachlässige Sündhaftigkeit bestraft würden und frohlockte über den kriegsbedingten Mangel, der die gleiche Wirkung zeitige wie Luxusgesetze. Selbstverständlich hätten die Briten noch mehr gesündigt, seien Heiden geworden, lasterhaft und aufgedunsen vor Verderbtheit und despotischer Gier. Auch sie würden bestraft werden, ganz so wie die Juden, als sie ins babylonische Exil geschickt wurden, und die Römer, als ihr Reich unterging. Doch es gebe einen Weg und man müsse ihn beschreiten. Wie Mr. Locke bewiesen habe, dürfe man mit Recht rebellieren, wenn die herrschenden Mächte ihr Vertrauen verspielen, so wie es bei den Briten fraglos der Fall sei. Wir hätten natürliche Rechte, die wir zu verteidigen verpflichtet seien. Schließlich sehe er, auch wenn er Anarchie fürchte, doch tugendhafte Führer in Philadelphia versammelt und bete, wenn nicht für den Sieg, so doch für Erneuerung.

Ich verweile bei dieser bemerkenswerten Rede deshalb, weil sie uns ein einzigartiges Bild davon liefert, wie die Naturrechtsidee und die Traditionen eines tugendhaften Republikanismus sich in einem sehr typischen neuenglischen Geist vereinten. Langdon zweifelte nicht, dass eine Regierung verpflichtet sei, Naturrechte zu verteidigen, und fühlte sich angehalten, diesen Glauben an die Rebellion zu bekräftigen, auch wenn er offensichtlich ein überaus gesetzestreuer und sogar autoritärer Mensch war. Er und viele der anderen Kolonisten wurden nicht aus innerer Neigung zu Liberalen, sondern aus der Logik ihrer Situation heraus.

James Otis[6] war sicher kein gewöhnlicher Mann, aber hier ist er für uns von besonderem Interesse, weil er etwas Neues in den Locke'schen Kanon einführte, nämlich das Primat der Judikative und die Gefahr der Sklaverei. In seiner berühmte Flugschrift *The Rights of the British Colonies Asserted and Proved* von 1764 behauptete er, dass Großbritannien nicht nur die Rechte nordamerikanischer Engländer, sondern auch Locke'sches Naturrecht verletze. Überdies hielt er mit folgenreichen Konsequenzen an der Autorität Lord Edward Cokes[7] fest, dem obersten Richter unter Jakob I., demzufolge mit der Verfassung oder »natürlicher Billigkeit« (*natural equity*) in Widerspruch stehende parlamentarische Entscheidungen nichtig seien und die Gerichte unter solchen Umständen verabschiedete Gesetze »in Nichtgebrauch fallen« lassen sollten.[8] Otis' Vorstellung von Rechten vereinte in der Tat zutiefst radikale und zutiefst konservative Intuitionen. Das Parlament besitze eine ihr vom Volk nur treuhänderisch zugesprochene Autorität und wenn es nicht den »unabänderlich wahren« Naturgesetzen gehorche, sei Rebellion ein Recht und eine Pflicht.[9] Nichts hätte radikaler sein können. Dennoch brauche es nie zu einer solchen höchsten Notlage zu kommen, weil die Gerichte dazu da seien, als erste zu intervenieren; ihre Aufgabe sei ohne Frage, die traditionellen Privilegien und Immunitäten von Engländern gegen alle Neuerungen zu schützen. Nie gab es etwas, das konservativer gewesen wäre. Rechte konnten beide Wege einschlagen.

Otis' visionäres Traktat machte eine sogar noch bedeutendere Bemerkung. In der Rhetorik der Zeit war die Benutzung des Wortes ›Sklaverei‹ weit verbreitet, wenn in Großbritannien und den Kolonien radikale Dissidenten die Regierung unterdrückerischer Handlungen bezichtigten, und Otis fiel nicht aus dem Rahmen, wenn auch er diese Anschuldigung erhob. Die Frage aber ist, ob das Wort ›Sklaverei‹ in Amerika die gleichen Implikationen besaß wie in Europa, und das war, meine ich, gerade nicht der Fall. In Europa war der Sklave eine Metapher aus den Annalen der klassischen Antike.

In Amerika bezog sich Sklaverei auf eine lebendige Gegenwart. Daher bezeugt Otis' Insistieren, »die hier geborenen Kolonisten, *schwarz und weiß*« seien »frei geborene britische Untertanen, denen die wesentlichen bürgerlichen Rechte solcher zustehen«, dass zumindest er ganz genau wusste, was das Wort Sklaverei in Amerika bedeutete.[10] Es war eine Institution, die die Leidenschaft für Rechte sowohl bei den Herren wie bei den Sklaven schürte. Seit Burkes Zeiten sahen die Beobachter der Plantagenbesitzer, dass jene, wie Edmund Morgan formulierte, eine »besondere für Republikaner so wichtige Wertschätzung der Freiheit besaßen, weil sie jeden Tag zu Gesicht bekamen, was ein Leben ohne sie bedeutete.«[11] Wir brauchen nur die Reden der unterrepräsentierten Siedler in den westlichen Teilen verschiedener Staaten in den Dreißiger- und Vierzigerjahren des neunzehnten Jahrhunderts zu lesen um zu erkennen, welch große Rolle die Sklaverei in ihrer Vorstellungskraft spielte. Wann immer sie das Wahlrechte forderten, bestanden sie darauf, dass sie ohne den Besitz der vollen Bürgerrechte nichts als Sklaven seien.

Sie waren allerdings nicht die einzigen, die die unveräußerlichen Rechte der Unabhängigkeitserklärung anriefen. Nach einiger Zeit kamen sie auch Sklavereigegnern und Freigelassenen zugute. Natürlich waren die meisten Amerikaner in den Nordstaaten keine Abolitionisten, keine Gegner der Sklaverei. Lincoln jedenfalls war es nicht und er glaubte kaum, dass eine schwarze Frau mit ihm in allen Belangen auf einer Stufe stünde, aber er war überzeugt, dass »sie mir und jedem anderen in ihrem Recht ebenbürtig ist, das Brot zu essen, das sie mit ihren eigenen Händen erarbeitet hat, ohne jemanden um Erlaubnis fragen zu müssen.«[12] Es gab aber niemanden, der die Sprache der Rechte leidenschaftlicher im Munde führte als ein selbstbefreiter Sklave. »Keine Gruppe von Menschen kann, ohne ihrer Natur Gewalt anzutun, der Entziehung irgendeines ihrer Rechte zustimmen«, schrieb Frederick Douglass.[13] Es ist offenkundig, dass der Geist der Unabhängigkeitserklärung in seinen Schriften nicht weniger beharrlich nachklingt als in denen Lincolns.

Es muss allerdings angemerkt werden, dass sich die Abolitionisten in ihrer spirituellen Grundhaltung auf eine bedeutsame Weise von Thomas Jefferson abhoben. Diese Frauen und Männer waren tief religiös. Eine typische Präambel zur Verfassung einer Vereinigung gegen die Sklaverei in New Jersey liest sich etwa folgendermaßen: »Wir erachten folgende Wahrheiten als selbstverständlich, dass alle Menschen gleich geschaffen sind […] und wir glauben, dass die Sklaverei den Geboten des Christentums widerspricht.« Sie endet mit einem Aufruf, »der goldenen Regel unseres Erlösers« zu gehorchen. Diese Menschen fühlten sich zutiefst in die Sünde der Sklaverei verstrickt. Selbst zwei so unterschiedliche Männer wie Lincoln und Thoreau teilten das Gefühl, gegen ihren Willen in eine böse Institution verwickelt zu sein, der auf irgendeine Weise ein Ende gesetzt werden musste. Bei der Befreiung der Sklaven ging es ihrer Ansicht nach nicht nur darum, den schwarzen Amerikanern ihre unveräußerlichen Rechte zurückzugeben. Sie mussten sich auch selbst vom Zwang befreien, unter unmoralischen Gesetzen leben zu müssen oder gar indirekt von ihnen zu profitieren.

Ich verweile bei diesem Punkt, weil er etwas Licht auf die Stellung der positiven und negativen Freiheit im Liberalismus der Rechte wirft. Die beiden sind weder unvereinbar noch widersprechen sie einander. In Wirklichkeit kann man sie nicht trennen. Menschen, die gezwungen sind, Sklaven ihre negative Freiheit zu verweigern, und die sich daher genötigt sehen, gegen ihr Gewissen und ihren religiösen Glauben zu handeln, fühlen, dass ihnen positive Freiheiten verwehrt und ihre Rechte verletzt werden. Rechte werden prinzipiell von der ganzen Menschheit geteilt, ob man sie nun in christlichen oder naturalistischen Begriffen denkt. Die Verbreitung der Sklaverei legte Menschen, die Jeffersons Worte und das öffentliche Ethos ihres Landes ernst nahmen, ungewollt eine Bürde der Schande und des Zwanges auf. Der Liberalismus der Rechte lehnt mit einem Wort die Scheidung negativer von positiver Freiheit ab, weil die Verweigerung der einen auch die Verweigerung der anderen bedeutet. Aus diesem Grund haben die Erfahrungen der Sklaverei und ihrer Nachwirkungen in unserem Land so nachhaltig zum rechtezentriertem Liberalismus Amerikas beigetragen.

Es ist allgemein ein großer Fehler, den Anteil der Religion am Liberalismus der Rechte zu unterschätzen. Sie nahm Einfluss, indem sie ein Gewissen kultivierte, das im Angesicht der Erniedrigung seiner Mitmenschen aufbegehrt. Die zweite, wichtigste liberale Dimension religiösen Lebens geht auf die in Amerika herrschende Glaubensvielfalt zurück. Der Kampf um religiöse Freiheit hat den Liberalismus der Rechte von Anfang an bestimmt und das nicht nur in Amerika. Die Wichtigkeit, die er für Jefferson und Madison hatte, ist gar nicht zu überschätzen. Insgesamt betrachtet, spielte er für Madison wohl eine größere Rolle, da er sich wirklich um religiöse Lauterkeit sorgte, während Jefferson hoffte, dass Religion zu einem unbedeutenden Element in unserem Leben herabsinken werde.

In Madisons Augen durfte eine Regierung in keiner Weise Einfluss auf Religion nehmen, sodass ein jeder in seinem Glaubensbekenntnis vollkommen aufrichtig sein konnte. Es ist wert, auch daran zu erinnern, dass er sich für die *Bill of Rights* eine Klausel wünschte, die Kriegsdienstverweigerer aus Gewissensgründen vom Militärdienst ausnahm, aber er konnte den Kongress nicht zur Verabschiedung bewegen. Aus der Rückschau hätte es den Gerichten und später dem Kongress eine Menge Ärger erspart, wäre sein Vorschlag angenommen worden. In beiden Fällen gründete das Recht auf die freie Wahl des eigenen Glaubens in der Überzeugung, dass seine Abwesenheit der Religion und damit dem menschlichen Geist selbst großen Schaden zufügen würde. Nicht alle Rechte waren für Madison derart vorrangig. Die Pressefreiheit war ausschließlich eine Frage politischer Notwendigkeit. In einer modernen repräsentativen Republik war es überlebenswichtig, dass die Bürger gut über die Aktivitäten ihrer Regierung informiert waren und sich durch nichts darin eingeschränkt fühlten, ihre Ansichten über sie zum Ausdruck zu bringen. Es gab keine andere Möglichkeit, Rechenschaft einzufordern. So wichtig das Recht auf Pressefreiheit unter solchen politischen Umständen auch ist, wird es doch aus den Geboten einer freiheitlichen politischen Ordnung abgeleitet. Es hatte für Madison nicht die gleiche unbedingte Wichtigkeit, die religiöser Tolerierung zukam.

Madison vertrat zweifellos einen Liberalismus der Rechte. Selbst als er gegen den Rechtekatalog einer *Bill of Rights* argumentierte, die sein Freund Jefferson von Anfang an vorsah, sprach er in Begriffen der Rechtesicherung. Es sei besser, einige wenige durchsetzbare Rechte zu haben, als viele, die man nicht sichern könne. Überdies sei es denkbar, dass ein Rechtekatalog, der nicht alle möglichen Rechte abdeckt, dazu führen könnte, die Unerwähnten mit Verachtung zu strafen. In diesem Punkt waren seine Befürchtungen sowohl vernünftig als auch übermäßig vorsichtig; vernünftig, weil wir heute von sehr langen Grundrechtestatuten in den Verfassungen einiger der repressivsten Regimes der Erde wissen; zu vorsichtig, weil die Amerikaner in Wirklichkeit lernten, die Erfordernisse eines Rechtekatalogs zu akzeptieren, auch wenn das weder leicht war noch je völlig geschehen ist. Ich denke, man sollte die *Bill of Rights* als eine Art politischer Erziehung auffassen, ähnlich den Präambeln, die Platon in seinem großen Dialog *Nomoi* so notwendig für Gesetze erachtete. Der Liberalismus der Rechte, der im achtzehnten Jahrhundert aus Virginia kam, sollte einen erzieherischen Effekt haben, und man kann mit Fug und Recht behaupten, dass dies keine folgenlose Geste blieb. Auch erinnert er uns daran, dass der Liberalismus der Rechte recht große moralische Ansprüche an seine Bürger stellt. Die Rechte anderer zu respektieren und auf alle auszuweiten, ist nicht einfach oder immer angenehm, wie wir bereits im Fall der Sklaverei gesehen hatten – es ist schlicht richtig.

Wenn Jefferson die ›Natur‹ wichtiger war als der ›Gott der Natur‹, so bedeutet das nicht, dass er sich der Förderung religiöser Freiheit entzog. Das unveräußerliche Recht des »Strebens nach Glückseligkeit«[14] bedeutete im achtzehnten Jahrhundert, das Recht zu besitzen, seine letzten Ziele entweder in diesem oder im nächsten Leben, hier auf Erden oder in der Ewigkeit zu suchen. Jefferson hatte gewichtige psychologische Gründe für die Annahme, dass die Struktur der menschlichen Natur selbst ein solches Recht erforderlich mache, und als Deist glaubte er, dass Gott uns in dieser Weise geschaffen habe. Wir alle unterschieden uns geistig und körperlich und entsprechend müssten wir handeln. Seien wir zwar Erziehung, Überredung und äußeren Veränderungen gegenüber ohne Frage offen, so sei es doch eindeutig ein Vergehen wider unsere Natur, uns zur Annahme von Doktrinen zu zwingen, die uns nicht durch ihre Vorzüge zu überzeugen vermögen. Das Recht auf Glückseligkeit sei als Mittel zur Erhaltung unserer Integrität daher gleichbedeutend mit dem Recht auf Leben und Freiheit.

Diese Skizze der Frühgeschichte des Liberalismus der Rechte kann einiges dazu beitragen, seinen gegenwärtigen Charakter zu bestimmen. Wir sind Erben sowohl einer langen Tradition als auch jener fortwährenden Herausforderungen, denen sie ausgesetzt war. In den Jahren nach dem Bürgerkrieg wurden Rechte vor allem vor Gericht eingefordert, was den Einfluss von Rechten auf unseren politischen Diskurs stärkte, weil Rechte und Pflichten Vokabeln in der Sprache juristischer Verfahren sind, auch wenn das Ergebnis am Ende die Verweigerung von Rechten sein mag. Der einzelne Bürger und Anspruchsteller bleibt daher Gegenstand selbst der allgemeinsten Gesetzgebung, in denen es um öffentliche Rechte geht, wie etwa im Falle von Wahlgesetzen. Diese Errungenschaften waren nicht das Werk wohltätiger Planer, sondern wurden von benachteiligten, zu einer Minderheit gehörenden Bürgern und ihren Unterstützern durchgesetzt, die ihre bürgerlichen Rechte einforderten.

Schließlich sollten wir auch nicht vergessen, dass amerikanische Liberale ein halbes Jahrhundert lang eindrucksvollen ideologischen Widersachern aus dem Ausland gegenüberstanden. Sie trugen viel dazu bei, den Glauben an die Menschenrechte zu bekräftigen. Und trotz der Reaktionen nervöser, illiberaler und schlecht beratener Regierungsvertreter, die sehr geneigt waren, die Rechte von Amerikanern in Zeiten eines ideologischen Krieges zu beschneiden, wurde der Liberalismus der Rechte von einheimischen Gegnern nicht weniger angespornt als von ausländischen.

Diese Darstellung des Liberalismus der Rechte wäre unvollständig, übersähe man seine vielen Schwächen. Heute möchte ich nur drei Kritikpunkte erwähnen, die aus der liberalen Tradition selbst erwachsen. Einer lautet, dass das Insistieren auf Rechten kontraproduktiv sei, weil es zu einer gefährlichen Ausweitung von Staatsmacht führe, die schließlich zu einer Bedrohung der Freiheit werden müsse. Die zweite Behauptung lautet, dass Rechte an erste Stelle zu setzen die Freiheit nicht völlig schützen könne, weil es verhindere, dass auf das Gemeinwohl bedachte Gesetze erlassen und durchgesetzt werden könnten. Und schließlich scheint es, dass dem Liberalismus der Rechte keine Prinzipien innewohnen, die es ihm erlaubten, zwischen einzelnen Rechten bestehende Konflikte aufzulösen.

Das alles sind sicher keine trivialen Einwände und sie werden vor allem von Liberalen aufgeworfen, die Macht fürchten oder Wert auf Rechtssicherheit legen, um die Freiheit Einzelner zu schützen. Beginnen wir mit dem Vorwurf, der Liberalismus der Rechte neige dazu, Staatsagenten zu übermäßiger Betriebsamkeit anzustiften. Das scheint auf den ersten Blick paradox. Wurden Rechte nicht erfunden, um eine imperiale Regierung in ihre Schranken zu verweisen und später die Vorstellung zu begründen, dass die beste Regierung die sei, die am wenigsten regierte? Die Wahrheit ist, dass die Gleichberechtigung, die in der Unabhängigkeitserklärung und der *Bill of Rights* verankert ist, sich nicht von selbst durchsetzt – vor allem nicht in einer Gesellschaft, die stets auf wirtschaftliche und politische Freiheit bedacht war. Aus diesem Grund haben nicht nur Einzelne, sondern ganze Gruppen – vor allem Minderheiten, die von außen als solche definiert wurden – den juristischen Schutz ihrer Rechte und die Errichtung von Bedingungen gefordert, die ihre Umsetzung auch möglich machen. In ihrer Folge wurden rechtliche Zwangsmittel geschaffen und Gerichtsentscheidungen gefällt, die verhindern sollten, dass die Rechte der Ausgeschlossenen und Schwachen nicht aufgehoben oder eingeschränkt werden. Die jeffersonianische Überzeugung, dass Erziehung und Freiheit selbst bald dazu führen würden, die Aufgaben der Regierung darauf zu beschränken, hin und wieder Verbrecher festzunehmen und das Land gegen ferne fremde Mächte zu verteidigen, war nicht aufrechtzuerhalten. Ob eine Regierung, die stark genug zum Schutz der Menschenrechte ist, auch zu furchteinflößend sein mag und unter Umständen zur Willkürherrschaft tendiert, ist noch offen. Mit der Hoffnung auf ideologische und moralische Stimmigkeit wird man am besten beraten sein. Man kann annehmen, dass diejenigen Regierungsvertreter, deren einzige Aufgabe es ist, die Rechte der Bürger zu schützen, nicht dazu verführt werden, ihre gerechte Macht zu missbrauchen, um ein illiberales Regime zu schaffen. Leider ist das nur eine Hoffnung.

Die zweite Sorge, die heute oft zu hören ist, lautet, dass man Freiheit am besten durch allgemeine, gut geplante und umfassende Gesetze fördern kann, die die Pflichten eines jeden Bürgers klar definieren und so indirekt auch die Freiheit aller sichern. Persönliche Rechte würden damit keineswegs eingeschränkt, sondern im Gegenteil als Resultat erfüllter Pflichten gesichert. Man würde auf diese Weise Ungleichheiten vermindern, Bildung verbessern und zu staatsbürgerlicher Partizipation ermutigen. Statt Freiheit zu verringern, würde sie durch eine allgemeine Gesetzgebung, die das öffentliche Gut zum Ziel hat, zugunsten jener umverteilt, die heute keine tatsächlichen Wahlmöglichkeiten haben. Freiheit sei mit einem Wort ein öffentliches Gut, das am besten durch kohärente öffentliche politische Leitlinien und nicht durch ein Gerangel um individuelle Rechte gefördert werde. Viele gegenwärtige ›Kommunitaristen‹ machen zudem geltend, dass sie keine Gegner persönlicher Freiheit, sondern vielmehr ihre konsequentesten Verteidiger seien. Indem sie sich auf geteilte Prinzipien und Leitlinien, anstatt auf das Tauziehen zwischen selbstbezogenen Prozessparteien konzentrierten, täten sie mehr für die Freiheit als die Verfechter von Rechten. In der Theorie ist das ein sehr überzeugendes Plädoyer, doch sowohl der Liberalismus der persönlichen Entwicklung als auch der Liberalismus der Rechte betrachten es mit gerechtfertigtem Misstrauen. Ersterer fürchtet den gemeinschaftlichen Druck und das Gewicht von Konventionen, die, selbst im Namen der Freiheit, alle Äußerungen abweichender Individualität zu unterdrücken vermögen. Letzterer sorgt sich nicht ohne Grund um die politischen Mehrheiten, die sich dazu verleitet fühlen könnten, uns zu zwingen frei zu sein, indem sie uns unsere Pflichten allzu nachdrücklich nahe legen, was immer die jeweilige Begründung auch sein mag. Es ist möglich, dass dabei die Prozedere zum Schutz des Einzelnen bedroht werden und die Mittel öffentlicher Erziehung sich als übermächtig herausstellen. Die Betroffenen sollen ihre Forderung lieber selbst und für sich selbst erheben.

Schließlich gibt es einen Mangel in der Theorie und der Praxis des Liberalismus der Rechte: Es fehlt an Maßstäben, wie Konflikte zwischen Rechten zu lösen sind. Solange man Rechte für selbstverständlich erachtete, ging man davon aus, dass eine rationale Lösung bei in Widerstreit liegenden Ansprüchen möglich war, indem man auf ein höherstehendes Gesetz verwies. Nachdem wir Gott und die Natur als plausible Rechtsquellen hinter uns gelassen haben, können wir nicht länger schlagende, absolut unwiderlegbare Richtlinien für die Wahl zwischen Rechten angeben. Alles, was uns noch als ausgemacht gilt, ist der universelle Vorrang des Lebens und der Begriff menschlicher Würde, und mit nur diesen beiden Maximen ist es keineswegs klar, wie man zwischen scheinbar gleichberechtigten Ansprüchen wählen sollte. Steht das Recht auf einen fairen Prozess über dem Recht auf eine freie Presse? Ist die Meinungsfreiheit von Hasspredigern letztlich wichtiger als die mögliche Gefahr, die sie für ihr Opfer darstellt, und die lähmende Furcht, die sie in ihr hervorrufen – beides Dinge, die ohne Frage ihr Recht einschränken, nach Glückseligkeit zu streben? Ist die elterliche Religionsfreiheit mehr wert als das Leben eines Kindes, dass statt Gebete sofortige medizinische Behandlung braucht? Es gibt nichts im Liberalismus der Rechte, das auf diese aus ihm selbst erwachsenen Schwierigkeiten eine Antwort bieten könnte.

Es wird oft behauptet, dass man eine Antwort immer aus den Grundprinzipien der Unabhängigkeitserklärung und der Verfassung deduzieren könne. Allerdings kann mit derselben logischen Strenge auch die gegenteilige Ansicht hergeleitet werden. Es gibt keine absolut hieb- und stichfeste Lösung, selbst wenn wir den Gerichten und unserem eigenen politischen Menschenverstand zutrauen, uns über die Runden zu bringen. Auch bieten die anderen Mitglieder der liberalen Tradition nur wenig Hilfe. Angesichts dieser Unwägbarkeiten kann der Liberalismus der Rechte nur bekräftigen, dass die Idee eines allen gemeinsamen Menschseins auch die faire Behandlung der Ansprüche aller Individuen bedeutet und dass es diese Gerechtigkeit ist, die das öffentliche Wohl ausmacht. Und wirklich ging der Liberalismus der Rechte immer Hand in Hand mit einem stark entwickelten Sinn für Gerechtigkeit. Aber selbst die Gerechtesten kommen in Schwierigkeiten, wenn sie zwischen Rechten wählen sollen.

Ich bin an das Ende meines sehr unzureichenden Überblicks über die liberale Tradition gelangt. Meine Absicht war es, ihre reiche Vielfältigkeit aufzuzeigen. Über Rechte bleibt sehr viel mehr zu sagen und ich hoffe, dass andere meine Darstellung fortsetzen werden, denn sie ist für Sie und alle anderen ernsthaften Bürger ohne Frage ein Gegenstand von großer Wichtigkeit.

Die Idee der Rechte in der Frühphase der amerikanischen Republik

Der folgende Essay ist bestenfalls eine kurze Überblicksdarstellung. Er ist weder erschöpfend, noch akademisch, noch originell, aber er mag als Einführung in eine sehr komplizierte Geschichte dienen. Niemand, der sich mit amerikanischer Politik- und Rechtstheorie beschäftigt oder auch nur Zeitungen und Magazine liest, kann übersehen, dass Rechte zur Lingua franca der Politik in den USA gehören. Zweifellos hat der Kampf der schwarzen Bürger um ihre Rechte dem ernsthaften Nachdenken über sie neues Leben eingehaucht, aber um die Bedeutung und Wichtigkeit von Rechten im amerikanischen Idiom ganz zu verstehen, muss man am Anfang beginnen. Ich hoffe zu zeigen, wie, seit der anfänglichen Durchsetzung von Rechten gegen Großbritannien, politische Konflikte, die Festigung durch Rechtsinstitutionen und -bräuche und vor allem die andauernde Präsenz schwarzer Besitzsklaverei dazu beitrugen, politisch kundigen Amerikanern ein äußerstes Bewusstsein von Rechten einzuimpfen. Es gibt, kurz gesagt, drei dauernde und sehr alte Quellen des Rechtsdenkens: zunächst eine revolutionäre Mythologie, die ein flexibles, für alle Zwecke nützliches Rechtsvokabular schuf; zweitens eine Tradition systematischer Verfassungsinterpretation durch Gerichte; und schließlich die Last einer Bevölkerungsgruppe, die jeglicher Rechte beraubt war. Diese drei Quellen sind für die politische Entwicklung Amerikas einzigartig, haben die Sprache der Rechte allgegenwärtig werden lassen und ihr Komplexität und Dauer verliehen. Der folgende Vortrag ist für britische Zuhörer geschrieben und zumindest einigen unter ihnen wird dieses Kapitel der politischen Ideengeschichte vollkommen fremd sein. Sie werden zu seinem Verständnis ein paar offensichtliche Dokumente nachschlagen müssen. Ein Blick in die Unabhängigkeitserklärung, die Verfassung und ihre ersten 15 Zusätze und in die *Federalist Papers* (Nummer 10, 51, 78 und 84) sollten genügen, um diesen Seiten zu folgen. Überhaupt wäre es für britische und europäische Politiktheoretiker ratsam, die Geschichte des politischen Denkens in Amerika genauer zu studieren als dies gegenwärtig geschieht, und sei es aus keinem anderen Grund

als dem, dass es sehr schwierig ist sich vorzustellen, was moderne Rechte oder moderne
Staatsbürgerschaft bedeuten, wenn man sie
nicht im historischen Kontext einer repräsentativen Demokratie betrachtet, vor allem einer
so alten und komplexen wie den Vereinigten
Staaten.

Schließlich wurde dieser Vortrag für ein
Seminar verfasst, das sich von der gegenwärtigen Konferenz recht deutlich unterscheidet,
und ich lege ihn mit einigen Bedenken und
nur auf Verlangen ihrer Organisatoren vor.
Dies im Sinn möchte ich seine Leser daran erinnern, dass es sich beim Folgenden um eine
bloße Übersicht der augenfälligsten Momente
in der amerikanischen politischen Theorie
handelt und hier rein gar nichts über die Geschichte der tatsächlichen Anwendungen und
Missbräuche von Rechten durch amerikanische
Staatsbürger in ihrem politischen oder privaten Leben gesagt wird.

*

Warum halten Amerikaner Rechte für so wichtig? Diese Frage wird oft gestellt. Ein Teil einer
Antwort findet sich womöglich in den ersten
Jahrzehnten der Geschichte Amerikas als un-
abhängigem Land, ein anderer aber liegt in
fortdauernden Realitäten begründet, beson-

ders in der in Großbritannien zum Beispiel von Samuel Johnson und Edmund Burke stets bemerkten Spannung, die zwischen einer Einwanderergesellschaft bestand, die sich selbst hervorgebracht hatte und ein inhärent individualistisches, unabhängiges politisches Bewusstsein besaß, und jener ebenso einheimischen äußersten Freiheitsverweigerung: der schwarzen Besitzsklaverei. Mit einem Wort, es gab angesichts dieses Wechselspiels von Ideologie und Ökonomie viel zu diskutieren.

Welche Bedeutung Rechte später auch immer erlangen würden, man betrachtete sie von Anfang an als Ansprüche gegen Regierungsvertreter, denen man stets eine Neigung zum Missbrauch ihrer Macht unterstellte. Konsequent vollstreckte Gesetze sollten die Rechte gegenüber den eigenen Nachbarn und den Schutz von Rechtsansprüchen sicherstellen, besonders, wenn sie Eigentum betrafen – das sollte der einzige Zweck einer Regierung sein. Mein Thema nun sind die verschiedenen Ideen, die man als letzte Quelle dieser Ansprüche vorbrachte und die über die normalen, einer reifen juristischen Ordnung innwohnenden Rechte und Pflichten hinausgingen. Gott, die Natur, Verträge zwischen Personen und später zwischen den Einzelstaaten, Rechtsansprüche, Tradition, die Erfordernisse einer republikanischen Regierungsform, amerikanische Staatsbürgerschaft, christliche Brüderlichkeit und moralische Pflicht – all das wurde nacheinander als felsenfester Grund für einige oder alle der Rechte aufgeführt, die Amerikaner persönlich oder als Kollektiv gegen ihre Regierung geltend machen konnten. Das ist ohne Frage eine sehr lange Geschichte und traditionell wird sie von der Geschichtsschreibung in vier Phasen aufgeteilt. Die erste beginnt mit der Revolutionszeit und kulminiert in der Unabhängigkeitserklärung. Ihr folgt die föderale Ära, die mit dem Verfassungskonvent von 1787 einsetzt und mit der Wahl Jeffersons 1801 endet. Die dritte Phase beginnt mit dem Britisch-Amerikanischen Krieg von 1812 und zeichnet sich durch zwei sehr verschiedene Merkmale aus: Zum einen gab es Bestrebungen zur allgemeinen politischen und gesellschaftlichen Demokratisierung, die mit dem Aufstieg Jacksons ihren Höhepunkt erreichten und vor allem die Ausweitung des Wahlrechts auf fast alle weißen Männer in den meisten Staaten nach sich zog. Zur gleichen Zeit, aber recht unabhängig von dieser Entwicklung, gab es die Bewegung zur Abschaffung der Sklaverei, den Abolitionismus, der sich ursprünglich aus der großen religiösen Erweckungsbewegung speiste, die in einer Vielzahl von Unternehmungen Ausdruck fand. In jeder dieser Phasen ist die Sprache der amerikanischen politischen Theorie eine Sprache der Rechte, was zur Folge hatte, dass ›Recht‹ zu einem Begriff mit einer enormen Bedeutungsspannweite wurde. Lassen Sie mich also mit meiner Geschichte beginnen.

Man kann von politischen Ideen nie sagen: Genau hier war es, wo sie ihren Anfang nahmen, und ganz sicher kann man das nicht für all die Vorstellungen, die sich in Amerika um das Wort ›Rechte‹ ballen. Ich will keine aussichtslose archäologische Ausgrabung unternehmen, stattdessen werde ich mit einer der frühsten, gründlichsten und in höchster Weise prophetischen Flugschrift im Krieg der Worte beginnen, die dem Unabhängigkeitskrieg vorausging: James Otis' *The Rights of the Colonies Asserted and Proved* von 1764. Otis war ein äußerst belesener Anwalt aus Massachusetts, der mit dem örtlichen politischen Establishment über Kreuz lag. Sein Einwand gegen die britische Politik sollte eine lange und ereignisreiche Zukunft haben. Zuallererst beschuldigte er die britische Regierung, die Rechte von in Amerika lebenden Engländern zu verletzen. Zweitens behauptete er, der Autorität Sir Edward Cokes folgend, dass diese Handlungen und die des Parlaments gegen die Verfassung oder »natürliche Billigkeit« (*natural equity*) verstießen und nichtig seien, und die Gerichte »solche Gesetze in Nichtgebrauch fallen« lassen sollen.[1] Es gebe schließlich ein fundamentales Gesetzesrecht, das beschützt und von der Judikative durchgesetzt werden müsse, sodass bloße Rechtsprechungsakte keine natürlichen oder traditionellen, das heißt: englischen Rechte verletzen könnten. Hier ist angedeutet, dass dem Begriff der ›Rechte‹ sowohl eine sehr radikale wie eine zutiefst konservative Tendenz innewohnt. Naturrechte bestehen unabhängig von der Gesellschaft und stellen daher eine tatsächliche oder potenzielle Bedrohung jedes historisch bestehenden Gemeinwesens dar. Wohlerworbene, vererbte englische Rechte aber waren durch Gewohnheit und Alter geheiligt und wurden in Anschlag gebracht, jeden Versuch gesellschaftlicher Veränderung abzuwehren. Denn Veränderung stört unvermeidlich die eine oder andere Reihe tief verwurzelter gesellschaftlicher Erwartungen oder ›Ansprüche‹ (*entitlements*).

Schließlich sahen sich Otis und seine neuenglischen Mitbürger genötigt, die Regierung zu bezichtigen, dass sie die Rechte von Engländern verletze, weil nichts anderes ihren Widerstand hätte rechtfertigen können. Nur wenn Herrscher das durch ihre Untertanen in sie gelegte Vertrauen gröblich missbrauchten und sie sogar physisch gefährdeten, war ihre Rebellion zu legitimieren. Die Bürde der Illegalität musste also auf den Schultern des Parlamentes und der Krone und ihren Vertretern in den Kolonien lasten. Diese Rebellen waren altmodisch, sie blickten in die Vergangenheit, nicht in die Zukunft. »Britische Amerikaner verweigern niemals ihren Gehorsam, es sei denn, sie werden dazu gezwungen«, beharrte Otis, und sein Widerwille war aufrichtig und weit verbreitet. Aber er war auch ein philosophischer Jurist, der einiges vom Naturrecht verstand. Neben dem Recht, auch politisch repräsentiert zu werden, wenn man Steuern zahlt, gebe es zudem das »unveränderlich wahre« Gesetz der Natur, dem sogar das Parlament sich unterwerfen müsse, das nur »eine treuhänderische«, vom Volk übertragene Autorität besitze.[2] Das Volk müsse sich außerdem nicht sofort zur Rebellion entscheiden, wenn es geschädigt worden sei: Zunächst könne man es bei den Gerichten versuchen, womit Otis Coke auf schöpferische Weise missdeutete und damit ein weiteres Mal nicht allein stand.

Otis verstand Locke hingegen ganz richtig, als er von der Regierung als einem Treuhänder sprach, der nur existiere, um die Rechte des Volkes zu schützen. Auch diese Interpretation war keineswegs exzentrisch. Selbst die sogenannten Tories, die sich unter der britischen Herrschaft vollkommen sicher fühlten, zitierten Locke, um ihre Sache zu untermauern. So schrieb der Gouverneur von Massachusetts, Thomas Hutchinson, nur zu seiner privaten Erbauung im Jahre 1768 die Argumente nieder, die zwischen seinen politischen Gegnern und jemandem wie ihm, einem loyalen, aber beileibe nicht völlig unkritischen Repräsentanten der Krone, gewechselt wurden. *A Dialogue Between an American and a European Englishman* ist nicht nur seiner Fairness wegen außergewöhnlich, sondern auch, weil er zeigt, wie viel die Kontrahenten gemeinsam hatten. Der Amerikaner zitiert die Magna Carta, Coke und Locke um darzulegen, dass sich das Volk nicht in eine Ungerechtigkeit fügen, sondern rebellieren sollte, wenn seine Freiheit untergraben werde, woraufhin der Europäer unter anderem das Argument vorbringt, dass Locke zufolge nur die Mehrheit des Volkes legitimerweise eine Rebellion beschließen könne und der Amerikaner nur für einen Bruchteil des Volkes von Massachusetts spreche. Damit hatte er wahrscheinlich durchaus recht und schon Locke beklagte die gewöhnliche Passivität der meisten Menschen. Der Amerikaner wiederum wusste anzuführen, dass nicht Zahlen, sondern die Schwere des Unrechts die Entscheidung zum Aufstand rechtfertigte. Darauf erwiderte der Europäer, dass einige Ungerechtigkeiten freilich unvermeidbar seien und ertragen werden müssten; wichtiger noch, die Gesellschaft selbst sei bereits eine große Einschränkung unserer Rechte. Nicht aber, beharrte der Amerikaner, solange wir nicht einwilligten, dass unsere Rechte beschnitten werden können. Hier lag der Kern ihrer Auseinandersetzung. Der Europäer vertrat ähnlich wie Hobbes die Ansicht, dass wir mit dem Eintritt in die Gesellschaft all unsere Rechte aufgäben und nur die uns vom Gesetz zugestandenen erhielten. Der Amerikaner glaubte, dass wir unsere Naturrechte in der bürgerlichen Gesellschaft beibehielten und wir vielleicht einigen Einschränkungen, aber doch nicht schlechterdings allem zustimmen könnten, sondern nur solchen Regeln, die unsere Rechte in der bürgerlichen Gesellschaft besser sicherten als im Naturzustand. Weniger zu akzeptieren hieße »Sklaverei« und das war ein Wort, das in Amerika eine tiefere Bedeutung hatte als in England. Auch war Hutchinsons Amerikaner keine Ausnahme, wenn er es aussprach – es war in aller Munde. Der unnachahmliche Otis machte die wahrhaft seltene Bemerkung, dass »die hier geborenen Kolonisten, *schwarz und weiß*, frei geborene britische Untertanen« seien. Weil statt auf die Rechte von Engländern nun auf die Naturrechte verwiesen wurde, nahm der Kontrast zwischen Freiheit und Sklaverei eine besondere Schärfe an. In jedem Fall hatten Hutchinsons Amerikaner und sein europäischer Engländer in ihrem Streit alle zentralen, Rechte betreffenden Themen zur Sprache gebracht. Für den Rebellen waren Rechte natürlich gegeben. Allein die Zustimmung zu gerechten Regeln – und nur solchen könne man zustimmen – mochte als Brücke zwischen natürlichen und politischen Rechten dienen. Die Wahl bestehe zwischen gerechten Entscheidungen und Rebellion. Die Metaphorik von Gerichten und Rechtssprüchen war für ihn eindeutig das Paradigma.

Man erkannte das volle Ausmaß der von Locke bereitgestellten Möglichkeiten erst, als die Unabhängigkeit nicht bloß erwogen, sondern offen verkündet wurde. Zwei Stimmen hörte man in diesem Moment am lautesten: Thomas Paine und Thomas Jefferson. Wenn auch *Common Sense*, eine Flugschrift, von der nicht weniger als 150.000 Exemplare im Jahr ihrer Publikation verkauft wurden, an dieser Stelle relevanter ist, sollte man doch nicht vergessen, dass Paine auch den größten Teil von *Die Rechte des Menschen* in Amerika geschrieben und George Washington gewidmet hatte. Paines Beitrag zur amerikanischen Rechtstheorie war so groß, weil er die Einbildungskraft seines Publikums zu berühren wusste. Daher begann er nicht mit einem imaginären sondern mit dem einer kolonialen Pioniergesellschaft offensichtlich vertrauten Naturzustand, in dem Menschen dazu gezwungen waren, miteinander zu kooperieren um zu überleben, und zu dem eine ferne Regierung sehr wenig beigetragen hatte. Auf dieser Grundlage war es einfach, weiter zu argumentieren, dass zwar Gesellschaft für uns natürlich, eine Regierung aber künstlich und meistenteils nutzlos sei, sobald die Menschen aus einem gewissen unerklärlichen Zustand der Barbarei hinausgegangen seien. Regierungen sollte man sich als Angestellte vorstellen, die von ihren Arbeitgebern, dem Volk, entlassen werden können, wenn sie ihre Arbeit nicht ordentlich erledigen. Das war bei Locke schon angedeutet, aber Paines Hass auf das aristokratische Prinzip erblicher Autorität war sein eigener bleibender Beitrag zum Kanon der Rechte. Er war der Meinung, die Amerikaner würden das Erbschaftsprinzip schließlich vergessen und aufhören, sich wie die pflichtschuldigen Kinder eines Königs zu verhalten, der nur ein weiterer »königlicher Unmensch«, Abkömmling eines französischen Bastards und ein Raufbold war.[3]

Der König und seinesgleichen seien, zumal angesichts ihrer kriegerischen Gewohnheiten und ihrer Gleichgültigkeit gegenüber echtem persönlichem Verdienst, ganz einfach grundsätzlich außerstande, eine annehmbare Regierung zu bilden. Die einzige Regierung, die in der Lage sei, die Naturrechte zu bewahren, anstatt sie zu untergraben, sei eine aus Bürgern bestehende und von Bürgern gewählte, denn »wo es keine Unterschiede gibt, kann es keine Vorherrschaft geben; vollkommene Gleichheit führt nicht in Versuchung.«[4] Wirkliche Rechte müssten daher in der Gesellschaft wie in der Natur gleich verteilt sein. Das bedeute auch, dass Antike und Tradition nichts begründen können. Eine Regierung, die hier und jetzt im Amt ist, beziehe all ihre Autorität aus der Meinung der Lebenden – Jefferson sollte an dieser Ansicht bis zum Ende seines Lebens festhalten. »Die Erde gehört in ihrer Nutznießung den Lebenden. [...] Die Toten haben weder Macht noch Rechte über sie«, schrieb er an Madison.[5] Vielmehr sei die einzige Möglichkeit um sicherzustellen, dass der Konsens der Mehrheit die einzige effektive Begrenzung des Naturrechts und sein einziges Instrument bleibe, eine neue Verfassung, eine politische Wiedergeburt in jeder Generation. Darauf antwortete Madison durchaus vernünftig, dass sich unter einer solchen Übereinkunft auch niemand um die Zukunft sorgen würde. Regierungen waren das einzige, was Jefferson, wie Paine, wirklich fürchtete, und er sah keine Schwierigkeiten darin, dass Mehrheiten im Hier und Jetzt nach ihrem Willen handelten. Der Silberstreif am historischen Horizont sei die Aussicht auf eine friedliche Anarchie selbstständiger Freibauern. Dem verlieh Paine noch eine messianische Note: Ihre Rechte behauptend, setzten die Amerikaner der ganzen Menschheit ein Beispiel – »Oh ihr, die ihr die Menschheit liebt« ist eine durchaus ergreifende Anrufung.[6] Versteht man Rechte in dieser Weise, haben sie nichts Egoistisches an sich. Außerdem gab es ein bleibendes Element in Paines Polemik, nämlich den Glauben, dass die Aristokratie eine immer gegenwärtige Gefahr für Rechte darstelle, weil Rechte nur als gleich verteilte ihre politische Wirksamkeit entfalten könnten. Das sollte ein wichtiges Element in den Plädoyers jacksonianischer Demokraten und einiger Abolitionisten für Rechte werden, die die Plantagenbesitzer der Südstaaten als eine aristokratische Gefahr für die repräsentative Demokratie betrachteten.

So wichtig Paine auch war, die einflussreichste aller Stellungnahmen zu Rechten in Amerika ist und bleibt die Unabhängigkeitserklärung, die der zweite Kontinentalkongress am 4. Juli 1776 verabschiedete. Ihr Großteil, noch im üblichen vorrevolutionären Stil geschrieben, bestand aus einer lange Liste von Anschuldigungen gegen Großbritannien, mit der der internationalen Staatengemeinschaft gegenüber der Krieg gerechtfertigt werden sollte, in den die nun *Vereinigten* Staaten zogen. Die Proklamation von Rechten aber war nicht an die Monarchen Europas gerichtet, sondern an die Amerikaner, an »jeden Menschen, dem die Natur die Fähigkeit zu fühlen gegeben hat«, wie Paine von seinem Publikum sagte.[7] Jahre später schrieb Jefferson an einen Freund, dass er den »gesunden Menschenverstand [*common sense*] des Staatsbürgers« besitze. Diese Gründungsurkunde demokratischer Regierung schien denen angemessen, von denen er sprach. Und in der Tat sind die drei Wendungen: »folgende Wahrheiten erachten wir als selbstverständlich: dass alle Menschen gleich geschaffen sind«, »unveräußerliche Rechte auf Leben, Freiheit und das Streben nach Glückseligkeit« und schließlich, dass Regierungen »ihre rechtmäßige Macht aus der Zustimmung der Regierten herleiten«, zu den verschiedensten Anlässen ein ums andere Mal wiederholt worden. Zwar vertrat Jefferson Ansichten über Bildung, Selbstverwaltung und Eigentum, die seinen

Nachbarn weniger angemessen erschienen, aber die Unabhängigkeitserklärung war, ganz wie er sagte, ihre nicht weniger als seine.

Jefferson hatte philosophische und politische Gründe für seine starke Rechtetheorie. Diese Rechte seien unveräußerlich, weil uns Gott ganz eindeutig so geschaffen habe, dass wir ihrer bedürfen. Aus dem Instinkt zu Selbsterhaltung folge, dass wir ein Recht auf Leben besäßen, und ohne Freiheit könnten wir die Unversehrtheit unseres Lebens niemals sichern. Das Streben nach Glückseligkeit sei ein ebenfalls natürlicher Trieb und weil Gott uns verschieden geschaffen habe, können wir nicht umhin, als jeder auf seine Weise dem Streben nach dem, was uns Freude bereitet, jetzt oder im Jenseits so zu folgen, wie es uns richtig erscheint. Wieder ist Freiheit eine natürliche Notwendigkeit. Die Locke'sche Psychologie wurde so in politischen Nutzen gesetzt. Ganz ähnlich sei religiöse Freiheit notwendig, weil wir nicht anders könnten als das zu glauben, was jeder von uns nun einmal glaubt. Alle anderen Rechte aber seien unerlässliche Instrumente, die dazu dienten, die Rechte zu schützen, die uns die Natur oder der Gott der Natur gegeben hat, indem wir so geschaffen wurden wie wir sind. Eine demokratische, begrenzte Regierung und all die Schutzmechanismen gegen die immerfort Missbrauch betreibenden Regierungsvertreter seien für uns Mittel zu einem einzigen Ziel: in der Mitte der bürgerlichen Gesellschaft die Naturrechte zu erhalten, die untilgbar in psychologischer Notwendigkeit verwurzelt sind.

Das bringt uns zur Verfassung und ihren ersten zehn Zusätzen, der *Bill of Rights*. Was ihre ursprüngliche Bedeutung angeht, sind die *Federalist Papers* nach wie vor die beste Autorität, und in ihnen erklärte Hamilton, warum sie alle Rechte, auf die es wirklich ankomme, voll und ganz schütze und kein zusätzlicher Rechtekatalog notwendig sei. Die politischen Rechte der Bürger – zu wählen und ein Amt zu bekleiden, persönliche Rechtssicherheit und republikanische Gleichheit – seien mehr als ausreichend gesichert. Alles, was darüber hinausgehe, sei nicht nur überflüssig, sondern kontraproduktiv. Eine Regierung aufgezählter Befugnisse hätte keine Autorität, die Dinge zu tun, die die *Bill of Rights* eigentlich verhindern sollte, und es würde nur zum Missbrauch anstiften, solche Freiheiten wie die der Presse zu erwähnen. Es könnte fälschlich unterstellen, dass der Kongress die Vollmacht besitze, die Presse betreffende Gesetze zu verabschieden. In jedem Fall, fuhr Hamilton fort, sei ›Pressefreiheit‹ eine solch vage Formulierung, dass sich jede Definition als einschränkend erweisen könnte. Im Großen und Ganzen sei die Verfassung der bestmögliche Rechtekatalog, weil sie »die politischen Rechte der Bürger im Aufbau und der Handhabung der Regierungsgewalt« verkünde und einzeln benenne, und zwar »in der umfassendsten und präzisesten Form«. Schließlich seien »bestimmte Immunitäten und Verfahrensweisen [...], die sich auf persönliche und private Belange beziehen« angemessen bestimmt.[8] Hamilton und seine Anhänger meinten, dass republikanische Bürger ohne Frage eine starke Bundesregierung verdienten und benötigten, die nur durch genau und deutlich ausgesprochene, juristisch durchsetzbare Rechte begrenzt sein sollte. Was gab es nach dem Verbot von Adelstiteln denn überhaupt noch, worum sich ein Republikaner sorgen müsste? Hamilton war sich der symbolischen und erzieherischen Funktionen von Rechtekatalogen bemerkenswert wenig bewusst. In dieser Hinsicht unterschied er sich gänzlich von Madison.

Obwohl Madison schließlich die *Bill of Rights* durch den ersten Kongress brachte, teilte er ursprünglich viele von Hamiltons Bedenken. Bedeutete Rechte zu benennen nicht, die unerwähnt gelassenen zu gefährden? Der neunte Zusatzartikel zur Verfassung sollte das regeln.[9]

Waren gegen Übertretungen »auf dem Papier errichtete Barrieren«[10] nicht schlimmer als gar keine Vorkehrungen? Die erst kürzlich erweiterten *Common-Law*-Rechte der Verfassung würden vor einem Gericht sicher Bestand haben, aber was wäre mit anderen? In einer Monarchie seien Rechtekataloge ein »Signal zur Erhebung und Vereinigung« der Gemeinschaft gegen königliche Unterdrückung; in einer Republik dagegen würden am ehesten die Rechte des »kleineren Teils der Gesellschaft« von der Mehrheit der Menschen übersehen. Diese und andere »melancholische Reflexionen« hielt er Jefferson entgegen, der ihm einen Rechtekatalog ans Herz gelegt hatte.[11] Jefferson meinte, dass »dem Volk gegen jede Regierung der Welt ein Rechtekatalog zusteht.«[12] Gegen Ende seines Lebens behauptete er, nicht vor dem Volk, sondern nur vor Regierungen Furcht zu haben. Und im Laufe der Zeit bewegten er und andere Madison dazu, seine Meinung zu ändern und tatsächlich mit ihnen übereinzukommen, dass ein Rechtekatalog keinen Schaden anrichten und vielleicht sogar Gutes tun könne. Vor allem Madison glaubte schließlich, dass viele Bürger einem Regierungssystem, das eines solchen Katalogs entbehrte, nicht vertrauen könnten und würden. Ohne ihn wäre ihre Loyalität von Furcht und Verdacht durchsetzt. Die *Bill of*

Rights wurde nicht allen Hoffnungen Jeffersons gerecht, weil Monopole keine Erwähnung fanden, aber bis zum Bürgerkrieg erfüllte sie die Erwartungen der meisten ihrer anderen Befürworter.

Wie kann man etwas Ordnung in die verschiedenen Ideen über Rechte bringen, die in die Verfassung und ihre Zusatzartikel eingingen? Der Status der Unabhängigkeitserklärung sollte weiter umstritten bleiben. Ohne Frage war es nicht bloß irgendein Pamphlet, aber Landrecht war es auch nicht. Die unveräußerlichen natürlichen Rechte, die ihr Thema sind, behalten in der bürgerlichen Gesellschaft ihre Gültigkeit, weil schließlich die Verfassung zu ihrer Verwirklichung da ist, und sie wurde ohne Unterlass als die letztgültige Inspiration der *Bill of Rights* beschworen. Freilich gab es immer Amerikaner, die sie für nicht mehr als heiße Luft hielten: nur Statuten und juristische Präzedenzfälle seien geeignet, Rechte zu schaffen. Wenden wir uns der Verfassung selbst zu, so finden wir den Verweis auf die »Privilegien und Immunitäten« der Bürger.[13] Das ist eine wichtige Formulierung, weil sie dazu dient, die positiven Rechte von Bürgern als politischen Akteuren, Wählern und Amtsträgern zu beschreiben. Immunitäten sind überdies all jene Absicherungen von Personen und Eigentum, die aus den absoluten Verboten hervorgehen, die den Regierungen der Bundesstaaten und des Bundes selbst, den Gesetzgebern, Exekutiven und den Gerichten auferlegt sind. Schließlich gibt es in der *Bill of Rights* noch zwei Rechtetypen, die man für gewöhnlich ›materielle‹ und ›Verfahrensrechte‹ nennt. Zumindest ist das die Form, in der sie im Laufe von rechtlichen Auseinandersetzungen erscheinen. Die Verfahrensrechte bestimmen genauer, was ein »ordentliches Gerichtsverfahren«[14] in Fragen wie richterlichen Anordnungen oder Geschworenenprozessen ausmacht und was nicht, während materielle Rechte der jeweils hauptsächliche Streitpunkt, die auf dem Spiel stehende Sache sind. Materielle Rechte sind diejenigen, die vom ersten und Teilen des fünften Zusatzartikels gesichert sind.[15] Sie beziehen sich auf solche Handlungen, zu denen der Kongress überhaupt »kein Gesetz erlassen darf« oder solche, deren »Freiheit einzuschränken« ihm verboten ist.[16] Der politischen Theorie aber erscheint der Unterschied zwischen ›Verfahren‹ und ›Materie‹ nicht ausreichend, weil beide Arten von Rechten gleichermaßen zum Gegenstand einer jeden Auseinandersetzung zwischen Bürgern und Regierungen werden können. Beide sind Teile jenes Austausches von Ansprüchen und Gegenansprüchen zwischen Bürgern und Regierungsvertretern, in dessen Verlauf die Ersteren die Letzteren einer Rechtsverletzung beschuldigen. Ich möchte daher vorschlagen, von manchen Rechten als *Konzessionen* und anderen als *direkten Verboten* zu sprechen. Eine einzelne ›Person‹ oder ›das Volk‹ kann sagen, was immer sie oder es will, denn der Kongress kann sie in keiner Weise daran hindern. Das ist eine Konzession zum Handeln, ob man sie nun in Anspruch zu nehmen entscheidet oder nicht. Aber ›das Volk‹ ist in seinen anderen Rechten passiv, ist lediglich gegen Missbrauch, etwa »willkürliche Durchsuchung, Verhaftung und Beschlagnahmung« geschützt.[17] Diese Rechte kommen nur dann ins Spiel, wenn Regierungsvertreter auf entweder vollkommen verbotene oder rechtlich eingeschränkte Weise handeln oder zu handeln vorhaben.

Dies sind die Arten von Rechten, die man 1791 in der *Bill of Rights* anerkannte. Sie haben alle die gleiche formale Struktur: Jede von ihnen verweigert Vertretern öffentlicher Autorität Macht. Nur die Unabhängigkeitserklärung mit ihren unveräußerlichen Rechten unterscheidet sich davon in Ton und Charakter. Die restlichen Rechte sollen ihre Forderung erfüllen. Alle begrenzen sie Regierungen, die als die wahrscheinlichste Quelle der Verlet-

zungen von Menschen- und Bürgerrechten angesehen werden. Wie wir sahen, entsprach das
nicht völlig Madisons Ansichten und darin
hatte er wie so oft recht; aber was Menschen
einander antun ist ein anderes Kapitel in der
Geschichte Amerikas.

Wie sollten diese Rechte durchgesetzt werden? Hamilton hegte in dieser Frage keine
Zweifel. Die Gerichte seien dazu da, die erweiterten bürgerlichen Rechte der ursprünglichen
Verfassung zu vollstrecken. In den *Federalist
Papers* bestand er darauf, dass die Judikative
der »getreue Hüter der Verfassung« sei und sie
»Beschlüsse der Legislative für null und nichtig« erklären würde, »wenn sie im Widerspruch
zur Verfassung stehen«.[18] Die Normenkontrolle
durch den Obersten Gerichtshof (*judicial review*) folgte aus einer geschriebenen Verfassung und besonders aus dem föderalen System.
Endlich war der alte Mythos von den englischen
Gerichten als den Vertretern des grundlegenden Rechts Wirklichkeit geworden. Und wirklich verließen sich Jefferson und Madison auf
die Judikative, die Rechte des Volks gegen den
Kongress zu beschützen. Sie wäre »ein unüber-
windliches Bollwerk gegen jegliche Macht-
ergreifung durch die Legislative oder Exekutive […], sie wird jeder ausdrücklich in der
Verfassung genannten Rechtsverletzung wider-

stehen«, sagte Madison.[19] Hamilton ging noch weiter und nannte den »manifesten Inhalt der Verfassung« als die Basis der Normenkontrolle.[20] Wohl äußert sich die Verfassung mit keinem Wort zu ihr, aber die *Judiciary Acts* von 1789 sahen sie vor. Es mag kaum überraschen, dass die ausgedehnten Möglichkeiten der Normenkontrolle nicht übersehen wurden. Robert Yates, einer von Hamiltons Gegnern in New York, wies geradezu prophetisch darauf hin, dass ein derart vages Dokument wie die Verfassung den Bundesgerichten nahezu unbegrenzten interpretativen Spielraum zugestand, und dass sie diesen mit Sicherheit dazu verwenden würden, die Macht der Nationalregierung zu Ungunsten der Einzelstaaten durchzusetzen. Trotzdem gab es in einigen Staaten bereits eine Normenkontrolle der Gesetzgebung, allen voran in Massachusetts, und Otis' irrtümliche Interpretation Cokes wurde zu der für alle Amerikaner maßgeblichen.

Es dauerte nicht lange, bis der bedeutendste der frühen Obersten Bundesrichter, John Marshall, Gelegenheit fand, ein Bundesgesetz für verfassungswidrig zu erklären, und obwohl er das nur ein einziges Mal tat, hob er Gesetze der Einzelstaaten oft aus diesem Grunde auf. Welche Rechte schützten die Bundesgerichte auf diese Weise? Nicht, wie wir noch sehen werden, die Rechte des ersten Zusatzartikels, vor allem deshalb nicht, weil sie auch für Sklaven hätten gelten können. Das war Sache der Bundesstaaten. Was die Gerichte aufrechterhielten, waren die ›wohlerworbenen‹ Besitzstandsrechte. Auf Grundlage der Vertragsklausel der Verfassung[21] – aber in einer neuartigen Zurschaustellung richterlichen Ermessensspielraums auch auf der Basis natürlicher Gerechtigkeit, dem grundlegenden Recht einer jeden freien Regierung – verkündeten sie, dass die Bundesstaaten nicht das Recht besäßen, gesetzlich beschlossene Eigentumsübertragungen aufzuheben, Steuerbefreiungen zu entziehen oder Schuldner zu entschulden. Der einschlägige Prozess, der diese Geschichte erzählt, ist *Fletcher v. Peck* von 1810. Das Landesparlament von Georgia, von vorne bis hinten bestochen, verkaufte ein ausgedehntes Stück Land einer Gruppe von Grundbesitzspekulanten, die es dann als einzelne Parzellen weiterverkaufte. Als die Wähler daraufhin verständlicherweise ein neues Parlament wählten, widerrief es auf virtuose Weise die ursprüngliche Eigentumsübertragung, woraufhin die Parzellenkäufer den Fall vor den Obersten Gerichtshof brachten. Letzten Endes bestätigte Marshall ihren Anspruch und brachte unter anderem vor, dass »die Vergangenheit durch keine auch noch so große Macht ungeschehen gemacht werden kann. Eigentum ist übertragen worden und diese Übertragungen haben den Status wohlerworbenen Rechts.« Wenn je die Sicherheit wirtschaftlicher Ansprüche festgelegt wurde, die ohne Frage der Gegenstand des Zivilrechts sind, dann hier. Diese Interpretation war allerdings ungerechtfertigt, weil sich die Vertragsklausel in der Verfassung auf private Verträge bezog, nicht staatliche Übertragungen. Der theoretisch interessante Punkt ist hier aber, dass Marshalls Inanspruchnahme der Vergangenheit das exakte Gegenteil zu Jeffersons Plädoyer gegen sie war. Man muss beide zusammen betrachten: Jefferson zufolge konnte nur die Mehrheit der Lebenden Gesetze erlassen, während Marshall Rechte für in der Geschichte, in sich nicht wandelnden Rechtsbeziehungen verwurzelt hielt, in Ansprüchen, die keiner politischen Veränderungen unterworfen seien. Das hatte auch Otis' Flugschrift mit ihrer Anrufung der Rechte von Engländern behauptet. Jede Generation trage die Vorteile und Bürden der gesamten Vergangenheit, das sei überhaupt der Weg, wie man zu Rechten komme. William Blackstone[22] war den Hamilton'schen Rechtsgelehrten sehr viel wichtiger als die Unabhängigkeitserklärung. Entsprechend weniger nachsichtig waren Marshall und seine Anhänger im Hinblick auf die Rechte des ersten Zusatzartikels.

Hamiltons Partei, die sich vor Jefferson so fürchtete wie vor der jakobinischen Gefahr, erließ während John Adams' Präsidentschaft eine Reihe sehr unterdrückerischer Maßnahmen, von denen der *Sedition Act* von 1798 die verwerflichste war. »Die Bildung von Vereinigungen und Verschwörungen mit dem Ziel, sich einer Maßnahme der Regierung der Vereinigten Staaten zu widersetzen«, und insbesondere »der Druck, die Äußerung oder Veröffentlichung falscher, skandalöser und böswilliger gegen die Regierung und den Präsidenten gerichteter Schriften, mit dem Ziel sie zu diffamieren, in Misskredit zu bringen oder der Verachtung preiszugeben« wurden mit Geld- und Gefängnisstrafen belegt. Das bedeutete, dass man ins Gefängnis gesteckt und mit einer Geldbuße bestraft werden konnte, wenn man den Kongress oder den Präsidenten kritisierte. Die Wahrheit der eigenen Aussage war die einzige Verteidigung. Aber was bedeutet Wahrheit in solchen Fragen? Neigte Adams zu sehr dem Pomp zu oder nicht? Der Kongressabgeordnete Matthew Lyon war dieser Meinung, der Richter nicht, und so wanderte er ins Gefängnis. In diesem Fall, bei der ersten Verletzung von Bürgerrechten auf Bundesebene, erwiesen sich die

Gerichte als überhaupt kein Schutz. Sie erkannten das Gesetz auf Grundlage dessen an, was Madison die »bankrotte Doktrin« nannte, »dass die Administratoren der Regierung die Herren, nicht die Diener des Volkes« seien.[23] Erneut empfahlen sich die Gründe, die Paine vortrug, als er von der Regierung als Angestellten sprach, die vom Volk eingestellt und entlassen würden, und Jefferson sollte ihr Nutznießer sein. Montesquieu hatte viele Jahre zuvor vorgeschlagen, Handlungen und Worte klar voneinander zu unterscheiden, sodass nur erstere strafrechtliche Konsequenzen haben sollten, aber die Amerikaner folgten seinem Vorschlag erst sehr viel später. Zunächst erweiterten und verfeinerten sie die Theorie der Rechte. Madison lieferte insbesondere eine neue politische Verteidigung der Pressefreiheit. Wie Jefferson glaubte er, dass Leben, Freiheit und das Streben nach der eigenen Glückseligkeit und der eigenen Erlösung ›unveräußerlich‹ seien, weil Gott uns so geschaffen habe, dass wir nicht anders können, als überleben, Glück suchen und auf unsere eigene Weise Glauben finden zu wollen.

Auch für ihn waren politische Freiheit und Eigentum lediglich eine Fortsetzung unleugbarer Persönlichkeitsstrukturen. Die Pressefreiheit hatte in Madisons Augen einen anderen Stellenwert. Sie war nötig, eine republikanische

Ordnung aufrechtzuerhalten und war als solche ein politisches, kein natürliches Gebot. Die Bundesregierung sei nicht bloß »bar jeder derartigen Autorität«, wie der *Sedition Act* annahm, vielmehr seien es die Unterschiede zwischen der amerikanischen und britischen Regierung, die den Ausschlag dafür gäben, welche Teile des *Common Law* auf die neue Republik übertragen werden konnten und welche nicht. »Das Wesen von gewählten, begrenzten und in all ihren Gewalten haftbaren Regierungen mag eine große Freiheit zu tadeln erfordern«,[24] sodass die Presse frei sein müsse, die öffentlichen Amtsträger zu kritisieren, wie sie es für richtig halte. Überdies müsse sie die Wähler über alles informieren, was ihre gewählten Vertreter sagten oder taten. Andernfalls seien die Bürger in der »angemessenen Ausübung ihrer Wahlrechte« verhindert.[25] Rechte müssen, kurz gesagt, geschützt werden, wenn repräsentative Demokratie überhaupt funktionieren soll. Und sie musste funktionieren, wenn Amerika dem tödlichen Tauziehen zwischen Unterdrückung und Anarchie entkommen wollte. Freilich waren die Ansprüche, die Wahlen stellten, nicht die einzige von Madisons Überlegungen. Eine republikanische Regierung bedürfe auch des freien Spiels aller Interessen, sodass eine Balance zwischen gesellschaftlichen Mächten und dem Schutz von Minderheiten vor der Tyrannei von Mehrheiten sichergestellt werden könne. Hier war die Vielfalt von Religionsgemeinschaften in Virginia sein Hauptbeispiel. Waren Kirche und Staat einmal getrennt, hatten sich die verschiedenen Sekten Virginias bald miteinander arrangiert und gelernt, einigermaßen in Harmonie zu leben. Aus der Glaubensfreiheit folgten unter anderem eine größere Glaubensreinheit und weniger Heuchelei. Madison war klar, dass das Verhältnis zwischen Mensch und Gott keine Sache der Gesellschaft war, aber von der Religionsfreiheit einmal abgesehen, müsste man immer auch den politischen Nutzen und den Preis einer Sache abwägen. Ein Preis des freien Spiels privater Interessen und Glaubensbekenntnisse war, dass es keine ›neutrale Macht‹ gab – etwa einen konstitutionellen Monarchen, der in diesem Spiel Schiedsrichter sein könnte. Seine Hoffnung war, dass sich im Falle ausreichend vieler Mitspieler das System als selbstkorrigierend herausstellen würde. Er behauptete nicht, so wie es heute gern getan wird, dass das Leben in der Gruppe ›gut‹ für den Einzelnen sei, sondern glaubte lediglich, dass der Wettbewerb unter freiwilliger Assoziation die Aufrechterhaltung einer den Rechten von Minderheiten verpflichteten repräsentativen Demokratie garantiere. Charakteristischerweise schrieb er daher: »In einer freiheitlichen politischen Ordnung muß die Sicherung für bürgerliche Rechte dieselbe sein wie die für religiöse Rechte. Im einen Fall besteht sie in der Vielfalt der Interessen und im anderen in der Vielfalt der religiösen Sekten«.[26] Trotzdem bestand für ihn ein großer Unterschied zwischen der Begründung dieser beiden Rechte. Daher neige ich eher dazu, jenen zuzustimmen, die behaupten, dass die Religionsfreiheit der Ursprung amerikanischer *Rechte* ist und die anderen von ihr oft *per analogiam* abgeleitet sind.

Sowohl für Jefferson als auch für Madison war eine republikanische Regierung eine vom Volk gewählte und ihm gegenüber verantwortliche Regierung, allerdings wollte Jefferson von Zeit zu Zeit ein sehr hohes Maß an direkter Demokratie mit kleinen Räten (*wards*) aus sich im größtmöglichen Maß in Selbstverwaltung regierenden Bürgern. Repräsentation war ihm nur ein notwendiger Ersatz für Gemeindeversammlungen, während Madison sie als ein Mittel zur Festigung eines besseren Regierungskonstrukts betrachtete. Darum entwickelte sich Jefferson zu einer solchen eminenten geistigen Präsenz in den Jahren nach dem Britisch-Amerikanischen Krieg von 1812, als eine demokratische Aufwallung in einem Großteil der Bundesstaa-

ten zur Abschaffung der meisten Eigentums-
beschränkungen für die Wahl führte. Auch
war er für jene Bewegung eine Inspiration, die
eine bessere Verteilung sozialer Rechte und
eine allgemeine Demokratisierung des gesellschaftlichen Status forderte und heute mit dem
Namen Andrew Jacksons in Verbindung gebracht wird. Aber die mächtigste Kraft bei der
Ausweitung der Idee der Rechte war die religiöse Erweckungsbewegung, deren bedeut-
samster politischer Ausdruck der Abolitionismus war, der Kampf zur Befreiung der Sklaven.
In all diesen Strömungen schien die Unabhängigkeitserklärung eine eigene dynamische geistige Kraft gewonnen zu haben, auch wenn sie
in den neuen Zusammenhängen sehr verschiedene Bedeutungen annahm. In diesem zweiten
Leben wurde sie von jacksonianischen Demokraten gegen jene ›wohlerworbenen‹ Rechte,
Monopole und besonders die durch die Bank
der Vereinigten Staaten vertretene Geldmacht
vorgebracht. Je weniger Regierung, umso besser, meinten sie, weil Regierungen immer eine
Bedrohung für gleich verteilte Rechte darstell-
ten und stets dazu neigten, die Reichen den
Armen vorzuziehen. Darüber hinaus schaffe
Regierungsgewalt künstliche Wohlstandsaristo-
kratien. Der Nachdruck lag vor allem auf der
Gleichverteilung von Rechten und das bedeu-

tete, dass die Regierung von allem Abstand nehmen müsse, was unvermeidbare und vollkommen annehmbare Ungleichheiten von Wohlstand und Talent zu vergrößern im Stande wäre. Dieses Wiederaufblühen von Feindseligkeiten gegen jede Form von Aristokratismus war trotz seiner Begrenztheit Teil einer egalitären Ideologie und machte die Rechte der »arbeitenden Klassen« geltend, wie sie zu dieser Zeit genannt wurden. Freilich setzten jacksonianische Demokraten, nicht anders als Jefferson selbst, ihre Hoffnungen in die Bildung und eine ihrer wenigen Forderungen nach *mehr* staatlichen Maßnahmen bestand im Ruf nach kostenloser öffentlicher Bildung als einem Recht, das auf Staatsbürgerschaft und menschlicher Würde gründete. Gewerkschaften gründen zu dürfen sah man wiederum als ein Recht an, das gesellschaftliche Macht ausglich, aber in diesem Fall wurde von der Regierung lediglich erwartet, Organisatoren nicht bei der Ausübung ihrer Rechte zu behindern. Niemand könne Rechte besitzen, wenn er unfähig sei, sie auch wirklich auszuüben, und Menschen, die über keine Bildung oder Organisation verfügen, seien hierbei benachteiligt. »Das einzige, auf das sich die arbeitende Klasse verlassen kann [...], ist das große Prinzip gleich verteilter Rechte.«[27] Ohne sie »sind wir weiße Sklaven«

in den Nordstaaten, den finsteren Plänen und der Verachtung von Aristokraten unterworfen. Zwei Dinge sind hier wert angemerkt zu werden, nämlich dass ›Rechte‹ die ganze Sprache der frühen Arbeiterbewegung beherrschten und dass Sklaverei selbst unter jenen ein alptraumhafter Teil dieses Vokabulars war, die, wie die Jacksonianer, nicht das geringste Interesse an der Abschaffung der schwarzen Besitzsklaverei hatten.

Das Bewusstsein für Sklaverei war allgegenwärtig und trug weiter dazu bei, den Status der Rechte der weißen Bevölkerung aufzuwerten. Das wurde mit besonderer Heftigkeit auf dem Verfassungskonvent von 1829–1830 in Virginia deutlich, der dort, wie in vielen anderen Staaten, zu dieser Zeit zusammengerufen worden war, um die noch bestehenden Eigentumsvoraussetzungen für die Wahl abzuschaffen. Die Debatte in Virginia entspann sich zwischen den reformorientierten Weststaatlern, die keine, und Oststaatlern, die Sklaven besaßen. Beide Seiten aber nahmen schwarze Sklaverei als gegeben an, auch wenn sie, wie ihre revolutionären Vorfahren, schnell dabei waren, sich selbst in der Rolle von ›Sklaven‹ zu sehen, wenn ihre Rechte bedroht oder beschnitten wurden. Freilich fügten diese Auseinandersetzungen der Definition von Rechten wenig

Neues hinzu, aber sie geben einen umfassenden Eindruck von der Beständigkeit der Sprache der Rechte und ihrer unablässigen Erneuerung, vor allem in den Südstaaten. Denn wie Richard Hildreth, der intelligenteste aller abolitionistischen Autoren, bemerken sollte, brannte »diese Leidenschaft für persönliche Freiheit [...] nirgends erbitterter als in den Herzen einer Aristokratie, die zu ihrem Besitz erzogen wurde und gelernt hatte, ihren Wert zu schätzen, indem sie unablässig den furchtbaren Kontrast der Knechtschaft vor Augen sah.«[28] In diesen Grenzen schien das Argument nur wie eine Wiederholung der *Putney Debates*,[29] die im siebzehnten Jahrhundert in England geführt wurden. Die Herausforderer fragten wie Thomas Rainsborough: »Hat nicht der Geringste ein Leben gleich dem Größten zu leben?« Ihre Gegner erwiderten, gewissermaßen Henry Ireton zitierend, »mir dünkt, er habe kein so dauerhaftes Interesse an einem Land, das er nicht besitzt«. Und wie die radikalen Soldaten behaupteten auch diese späteren Milizionäre, »bloße Söldner« zu sein, besäßen sie nicht die gleichen Rechte. Kurz, es war ein Kampf zwischen jenen, die glaubten, dass die Naturrechte in einer bürgerlichen Gesellschaft vollkommen in Kraft blieben, und jenen, die wie John Calhoun meinten, dass der Naturzustand absurd sei, und die nur an wohlerworbene, legale, gesellschaftlich gesicherte Rechte glaubten. Aber nicht alle Südstaatler waren Calhouns Meinung. Die Natur, meinten die Demokraten, habe ihre Pläne klar »verkündet«. Man könne sehen, dass alle weißen Männer gleich geschaffen sind, weil sie den Frauen, Kindern und Schwarzen so offensichtlich überlegen seien. Die Ärmeren unter ihnen waren überdies genauso patriotisch wie die Grundbesitzer. Und solange Letztere »politisch über mich herrschen, bin ich ein Sklave«, wie ein Weststaatler sagte. Mit einem Wort, Amerika sei eine repräsentative Demokratie und es gebe keinen Platz für ungleich verteilte Rechte. Locke und Jefferson wurden vielfach beschworen. Darauf antworteten die konservativen Grundbesitzer, dass die Rechte der Reichen, die immer in der Minderheit seien, nicht sicher wären, sollten die armen das Wahlrecht erhalten. Die Regierung existiere zum Schutz von Personen und Eigentum und solange sie dieser Aufgabe nachkomme, sei sie keine Tyrannei; habe nicht schließlich Locke zugunsten der konstitutionellen Monarchie von William und Mary seine Schriften verfasst? Die Armen würden uns unserer wohlerworbenen Rechte berauben, der einzigen, die je einer wirklich besessen habe, und wir würden alle wieder in

Knechtschaft zurücksinken. Das Wahlrecht sei ein gesellschaftliches Recht und nur diejenigen, die einen Anteil an der bürgerlichen Gesellschaft hätten, könnten mit ihm betraut werden. Anders als Demokraten zögerten Konservative nicht, darauf aufmerksam zu machen, dass man, glaubte man *wirklich* an die Wendung, dass »alle Menschen gleich geschaffen« seien, auch den schwarzen Sklaven das Wahlrecht geben müsste. Schlussendlich wurde es in Virginia in sehr bescheidenem Maße ausgeweitet. Jefferson hatte den Halt in der Erinnerung seines eigenen Staates verloren.

Auf die Abolitionisten des Nordens hatte er keinen großen Einfluss, obwohl auch sie sich natürlich oft genug auf die Unabhängigkeitserklärung beriefen. Ihr Vokabular war nicht säkular, sie waren zutiefst religiöse Menschen, Christen und keine kühlen Deisten wie Jefferson. Der Abolitionismus des Nordens war in der großen religiösen Erweckungsbewegung verwurzelt, die in den Zwanzigerjahren des neunzehnten Jahrhunderts begann und sich für Jahrzehnte ohne abzuflauen fortsetzte. Als Charles Finney, der größte unter den neuen Predigern, seine Zuhörer dazu aufrief »vollkommen zu werden«, ihre Leben als Christen zu führen und sich um ihre Erlösung zu bemühen, begriff er die Abschaffung der Sklaverei als eine ihrer Aufgaben. Und es ist schwer, die Energie zu überschätzen, die diese neue Religiosität freisetzte, sowohl, was die Gründung neuer Kirchen, als auch, was die Bemühungen um moralische und gesellschaftliche Reform anging, unter denen die Mäßigung sicher zu den vordringlichsten gehörte. Die Abschaffung der Sklaverei war, obwohl sehr viel weniger populär, auf lange Sicht freilich um einiges wichtiger. Für gläubige Männer, in den Dreißigerjahren des neunzehnten Jahrhunderts etwa William Lloyd Garrison und Theodore Dwight Weld, war die Befreiung der Sklaven auch eine Frage der Erlösung von Sünde. Wer zur Sache des Abolitionismus konvertierte, empfand diese spirituelle Selbstveränderung auch als große Selbstbefreiung. Jefferson hätte sie kaum verstanden, und wirklich waren viele Gläubige von ihren Mitbürgern und von normaler Politik so weit entfernt, dass sie noch nicht einmal wählten. War nicht jeder politische Akt unter einer Verfassung, die ein Bund mit dem Teufel war, selbst ein teuflisches Werk? Die Sklaven zu befreien bedeutete daher auch, Amerika zu befreien, nicht allein von der Sklaverei, sondern von Sünde, und Politik ohne Bekehrung, ohne absoluten Bruch mit der von Sklavenhaltern gemachten Vergangenheit, war schändlich.

Man betrachte nur die Präambel zur Verfassung einer Vereinigung gegen die Sklaverei in einer Stadt New Jerseys:

Wir erachten folgende Wahrheiten für selbstverständlich, dass alle Menschen gleich geschaffen sind [...]; und wir glauben, dass die Sklaverei den Geboten des Christentums widerspricht, eine Gefahr für den Frieden und die Freiheiten des Landes ist und dem Geist unserer republikanischen Institutionen entgegensteht; und glauben, dass wir nicht nur das Recht haben, gegen sie Widerspruch zu erheben, sondern der höchsten Verpflichtung unterstehen, durch moralischen Einfluss ihre Beseitigung anzustreben, und glauben, dass die gesamte Abschaffung der Sklaverei nicht nur nützlich, sondern vollkommen durchführbar ist und dass die unredlich unterdrückten farbigen Menschen unseres Mitgefühls und unserer Kooperation bedürfen. Daher, in Anerkenntnis der geoffenbarten Verkündigung, es sei Gottes Wille, dass ›von einem Blut aller Menschen Geschlechter auf dem ganzen Erdboden wohnen‹, und im Gehorsam der goldenen Regel unseres Erlösers [...] kommen wir überein, eine

Gesellschaft zu bilden, die durch die folgende Verfassung bestimmt sein soll [...].

Es gab später auch säkularer gestimmte Abolitionisten, aber sie brachten nichts derart Neues in die Sprache der Unabhängigkeitserklärung ein wie jene, die ihr eine christliche Bedeutung gaben. Für die religiösen Abolitionisten war die Bruderschaft der Menschen in der Bibel zu finden, nicht in der Natur. Wenn diese Männer politisiert worden waren, so es überhaupt geschah, dann, weil ihre eigenen Bürgerrechte grob missachtet wurden, besonders, wenn sie im Süden versuchten ihre Stimmen zu erheben oder abolitionistische Flugblätter zu verteilen. Selbst das Recht, eine Petition vor den Kongress zu bringen, wurde durch einen Maulkorberlass beschnitten. Auch halfen die Gerichte weder ihnen noch den Sklaven. Das Gesetz über flüchtige Sklaven wurde 1842 für vollkommen verfassungsgemäß erklärt.

Dank ihrer Erfahrungen mit den Gerichten waren manche der abolitionistischen Anwälte fähig, neue Möglichkeiten in der Klausel des fünften Verfassungszusatzes zu finden, die ein »ordentliches Gerichtsverfahren« garantierten. Bedeutete diese Klausel *wirklich*, dass es mit der Verfassung vereinbar war, wenn ein Mann durch irgendeinen Plantagentyrannen »des

Rechts beraubt ist, lesen oder schreiben zu lernen«?[30] Wer war überhaupt ein Bürger der Vereinigten Staaten? Sollte es sich dabei um einen nationalen Status handeln, so konnten doch wohl diese Privilegien und Immunitäten niemandem entzogen werden, der in den Vereinigten Staaten geboren wurde. Hier lag der Keim des fünfzehnten Zusatzartikels zur Verfassung.[31] Schließlich gab es auch einige metaphysische Abolitionisten, die über das Naturrecht hinausgingen und philosophische Fragen über die allgemeine Pflicht des Menschen stellten, seine moralischen Vermögen auszubilden – eine Pflicht, die ein Sklave niemals erfüllen könnte, weil er selbst seines Gewissens beraubt sei. Aber gegen all diese Vorwürfe konnte sich der Süden durch das Eigentumsrecht behaupten, ein Recht, das nicht nur ein Primat im Gesetz, sondern auch in der öffentlichen Meinung besaß. Sie waren nicht allein darin, sich auf Eigentum zurückzuziehen. Dies war, viel eher noch als ihre zunehmend unglaubwürdigen Verfassungstheorien über die Rechte der Bundesstaaten, ihr überzeugendstes und rechtlich am wenigsten angreifbares Argument.

Mit dieser tödlichen, ausweglosen Situation miteinander im Widerstreit liegender Rechte, die durch die Sklaverei geschaffen worden war, kommen wir zum Ende der schöpferischsten

Periode des amerikanischen Rechtedenkens. Am bemerkenswertesten an der Idee der Rechte in Amerika ist ihre Ausdehnung, ihre selbstverstärkende, dynamische Kraft. Beanspruchte man Rechte nun im Namen der Vernunft, der Natur, Gottes, der Tradition, der Rechtssicherheit oder der Erfordernisse einer republikanischen Regierung, jede Auseinandersetzung wurde früher oder später zu einer zwischen Rechten – seien es die von Monopolisten und Sklavenbesitzern oder Nordstaatenarbeitern und schwarzen Sklaven. Wenn man sich also wundert, warum sich amerikanische Politik im Zeitalter des Wohlfahrtsstaates und globaler Kriege immer noch um Rechte dreht, dann sollte man in Erinnerung behalten, was schließlich vollkommen offensichtlich ist – dass das multiethnische und ungleiche Amerika sein Ziel nicht erreicht hatte, als es als Nation gegründet wurde, »welche der Freiheit ihr Dasein verdankt und welche auf den Grundsatz vereidigt ist, dass alle Menschen als Gleiche erschaffen werden.« Es liegt immer noch viel »unvollendete Arbeit« vor uns.[32] Von keiner Gesellschaft kann erwartet werden, dass sie alle in ihr erhobenen Forderungen nach ›Rechten‹ erfüllt. Wenn das Streben nach Rechten kraftvoll durch juristische Institution unterstützt wird, durch Gerichte, die selbst in Begriffen von Rechten denken, dann wird der Kampf um Rechte zum normalen Handlungs- und Debattenverlauf. Und damit, glaube ich, habe ich Ihnen eine ausreichende Antwort auf die anfänglichen Frage gegeben: Warum eigentlich sprechen Amerikaner andauernd über Rechte?

Politische Theorie und die Herrschaft des Gesetzes

Es wäre sehr leicht zu zeigen, dass die Wendung von der ›Herrschaft des Gesetzes‹ (*rule of law*) durch ideologischen Missbrauch und allgemeine Überbeanspruchung sinnlos geworden ist. Man ist schnell zu glauben geneigt, sie sei nur zu einem weiteren jener rhetorischen Mittel verkommen, die die öffentlichen Äußerungen angloamerikanischer Politiker schmücken, und man brauche daher auf diese Vokabel im Geschwätz der herrschenden Klasse keine intellektuellen Anstrengungen zu verschwenden. Aber aus der Sicht eines Historikers ist das kein Einwand. Die Herrschaft des Gesetzes nahm immerhin einmal einen sehr bedeutenden Platz im Wortschatz der politischen Theorie ein – und zwar einen so bedeutenden, dass es wert sein mag, ihn sich in Erinnerung zu rufen. Weil sie außerdem noch immer von Rechtstheoretikern heraufbeschworen und debattiert wird, liegt eine gewisse Berechtigung darin, ihren gegenwärtigen intellektuellen Status mit ihrer ursprünglichen Bedeutung zu vergleichen. Das mag sich nicht nur als eine Erinnerungsübung, sondern als ein diagnostisches Experiment herausstellen. Auf den folgenden Seiten werde ich versuchen zu zeigen, dass es zwei deutlich unterschiedene Archetypen der Herrschaft des Gesetzes gibt und dass ihre Grenzen und ihr innerer Zusammenhang inzwischen verschwommen sind, weil man die politischen Ziele und Umstände, die ihnen ihre Bedeutung gaben, heute vergessen hat. Mit etwas interpretativer Freiheit werde ich die beiden Modelle jeweils Aristoteles und Montesquieu zuschreiben. Im Anschluss möchte ich zeigen, dass gegenwärtige Theorien fehlgehen, weil sie das Gefühl dafür verloren haben, worin die ursprünglichen politischen Ziele der Herrschaft des Gesetzes als einem Ideal bestanden, und ihr keine plausible Neuformulierung entgegenstellen können. Ohne dieses Ideal schwebt die Herrschaft des Gesetzes heute in einem politischen Vakuum.

Ursprünglich besaß die Herrschaft des Gesetzes zwei recht klar getrennte Bedeutungen. Sie bezog sich entweder auf eine ganze Lebensweise oder lediglich auf einige bestimmte öffentliche Institutionen. Ersteres Modell kann man Aristoteles zuschreiben, dem die Herrschaft des Gesetzes nichts weniger als die Herrschaft der Vernunft war. Die zweite Version betrachtet die Herrschaft des Gesetzes als jene institutionellen Beschränkungen, die Regierungsvertreter davon abhalten, den Rest der Gesellschaft zu unterdrücken. Aristoteles' Herrschaft des Gesetzes hat eine enorme ethische und intellektuelle Tragweite, findet aber nur auf sehr wenige Personen des Gemeinwesens Anwendung. In Montesquieus Darstellung geht es dagegen um eine begrenzte Zahl schützender Einrichtungen, die aber jedem Mitglied der Gesellschaft zugutekommen sollen, wobei nur einige wenige ihrer gegenseitigen Beziehungen betroffen sind. Das ist nicht die Herrschaft der Vernunft, sondern der Geist des Strafrechts eines freien Volkes. Aristoteles' Herrschaft des Gesetzes ist in Wirklichkeit nicht nur mit der Sklavenhaltergesellschaft des antiken Athen, sondern auch mit dem modernen »Doppelstaat« aufs Beste verträglich. Ein solcher Staat mag ein vollkommen faires und prinzipiengeleitetes Privatrecht besitzen und gleichzeitig von einem strengen, unvorhersehbaren, kriminellen Herrschaftssystem bestimmt sein. Ein Doppelstaat ist er aber, weil ein Teil seiner Einwohner zu Untermenschen oder einer öffentlichen Gefahr erklärt und damit als Ganzes aus der Rechtsordnung ausgeschlossen wird.

Diese Menschen bilden den zweiten Staat, der für gewöhnlich von anderen Staatsagenten geleitet wird, aber die volle Billigung jener genießt, die den ›ersten‹ der beiden Staaten führen. So sah die Regierung der Vereinigten Staaten bis zum Bürgerkrieg und in mancherlei Hinsicht auch später noch aus, so war sie in Nazideutschland und ist sie noch heute in Südafrika. Ich erwähne diese Staaten nur, weil sie Teil der ›westlichen Tradition‹ sind und an ihrer Rechtsentwicklung teilhaben. Keine Überbleibsel irgendeiner byzantinischen Vergangenheit müssen hier das historische Bild verwirren.

Im Gegensatz zu Aristoteles' Herrschaft der Vernunft wurde Montesquieus Herrschaft des Gesetzes nicht nur im scharfen Kontrast zum einfachen ›orientalischen‹ Despotismus, sondern auch zum Doppelstaat entworfen. Wie seine Bemerkungen zur modernen Sklaverei zeigen, war Montesquieu mit ihm aufs Engste vertraut. Wenn die Herrschaft des Gesetzes diesen Zustand vermeiden wolle, so Montesquieu, müsse sie gewisse Arten menschlichen Verhaltens ganz dem staatlichen Zugriff entziehen, weil man sie nicht regulieren oder verhindern könne, ohne körperliche Gewalt anzuwenden, Willkür walten zu lassen und in der Bevölkerung dauerhafte Furcht zu schüren.

Ein staatlicher Zwangsapparat führe unweigerlich zu Gewaltexzessen, wenn er versuche, Glauben und religiöse Praktiken, einvernehmlichen Sex und die Äußerung der öffentlichen Meinung wirksam zu kontrollieren. Die Herrschaft des Gesetzes soll um die unbescholtene Bürgerin eine Barriere errichten, sodass sie sich bei der Ausübung dieser und aller anderen legalen Tätigkeiten sicher fühlen kann. Das schließe ein, dass Regierungsagenten von Vertretern der Judikative daran gehindert werden, in diese unbeständigen und äußerst persönlichen Verhaltensformen einzugreifen. Die gerichtliche Obrigkeit werde sich zudem strenge Selbstbeschränkungen auferlegen, die das Gefühl persönlicher Sicherheit in der Bürgerschaft noch verstärken. Man werde das Amt des Gesetzes fürchten, nicht seine Vertreter. Der Handelsverkehr zählte für Montesquieu, anders als die Religion, nicht zu den der Regierungsgewalt entzogenen Sphären. Der Grund dafür war, dass seine Rechtfertigung einer begrenzten Regierung in einer Psychologie gegründet war und in keiner Theorie staatlicher Effizienz oder in natürlichen Rechten. Man könnte seine Idee einer begrenzten Regierung die ›Herrschaft zur Regulierung des Strafrechts‹ nennen. Die gegenwärtige Rechtstheorie verlässt sich immer noch zutiefst auf diese beiden ursprünglichen Modelle, hat aber die Neigung bewiesen, jede politische Realität außerhalb des Gerichtssaales zu ignorieren oder den Begriff der Herrschaft in solche abstrakten Höhen zu katapultieren, dass sie sich in keinem erkennbaren Kontext zu vollziehen scheint.

In Aristoteles' Variante ist die wichtigste Bedingung für die Herrschaft des Gesetzes der Charakter, den man denen zuschreiben muss, die Gerichtsurteile fällen. Gerechtigkeit sei die dauerhafte Gesinnung, fair und gesetzestreu zu sein, nicht bloß gelegentlich so zu handeln. Es gehöre zu einem solchen Charakter, syllogistisch zu schlussfolgern, zu welchem Zweck seine Leidenschaften schweigen müssten. Im Verlauf der Gerichtsrede würden den Urteilenden natürlich verzerrte Syllogismen aufgezwungen. Das liege ganz einfach in der Natur von Begründungen, die es darauf absehen, zu überzeugen. Die Urteilenden aber, seien es nun wenige oder viele, müssten ungeachtet der Begründungen zu einer logisch notwendigen Schlussfolgerung gelangen. Um das zu erreichen, hätten sie die Funktion von forensischer Rhetorik und Überzeugungsrede genau zu verstehen, während ihre eigenen Folgerungen frei von irrationalen Mängeln bleiben müssten. Dazu sei ein ausgeglichener ethischer Charakter ebenso nötig wie bloße Klugheit.

Die Gesellschaft ziehe aus den Urteilen, die von Männern solchen Charakters gefällt werden, erhebliche Vorteile. Ohne derartige Gerechtigkeit sei niemand seiner materiellen Besitztümer und nicht einmal seiner gesellschaftlichen Stellung sicher. Überdies habe in der politischen Struktur die Gegenwart von Menschen einer solchen Geisteshaltung – meist Gemäßigte der Mittelschicht – die Wirkung, jene die meisten Regimes befallenden selbstzerstörerischen Neigungen zu hemmen. Die Herrschaft der Vernunft beruht entschieden auf ihrer Fähigkeit, andere davon zu überzeugen, einen gewissen Grad an Selbstbeherrschung an den Tag zu legen und die Rechtsordnung aufrechtzuerhalten, die der ethischen Struktur eines Gemeinwesens am ehesten gerecht wird. Ein stabiles Regelsystem zu besitzen, das einem Zurückhaltung auferlegt, scheint gerechte Menschen in ihrem täglichen Leben größten Belastungen auszusetzen. Sie müssen zusätzlich zu ihren Fertigkeiten in Politik und Urteilsfähigkeit noch die psychologische Fähigkeit besitzen, die Ansprüche anderer anzuerkennen als wären es ihre eigenen. Der Gerechte sieht die Vorzüge und Mängel anderer genau so, als trüge er selbst diese Forderung auf derselben Grundlage vor. Er macht keinen Unterschied zwischen sich und anderen oder zwei im Widerstreit liegenden Klägern. Er kann alle seine eigenen Ansprüche und die anderer vollkommen gleichberechtigt betrachten. Wenn man ihn bittet, einen Streit zu entscheiden oder ein Vergehen zu bestrafen, hält er sich so eng es geht an die Regeln, weil er als Prozesspartei ebenso behandelt werden will. Seine Aufgabe ist lediglich, das vormalige Gleichgewicht wieder herzustellen und keine Nebensächlichkeit darf ihn von dieser Bestimmung abbringen. Ohne Aristoteles' Vertrauen in die syllogistische Schlussfolgerung ergäbe weder dieses Bild einer vollkommenen Gerechtigkeit, noch seine Forderung nach Rationalität einen Sinn. Allerdings ist es auch Teil einer sehr mächtigen Psychologie. Die Macht des Schlussfolgerns gehöre zum menschlichen Geist überhaupt, der die Fähigkeit und die Neigung besitze, alle Ansprüche gleichberechtigt zu betrachten. Das werde nicht nur Richtern abverlangt, sondern jedem, der sich an fairem Handel beteiligt. Es ist nach Aristoteles aber offenkundig, dass die höchste gerechte Tätigkeit, von der jeder innerhalb der Gesellschaft abhängt, durch das Urteil vor dem Gericht verkörpert wird: Denn dort verwandelt sich Gerechtigkeit in Rechtmäßigkeit. Die Rationalität dieses Verfahrens wird bei Aristoteles besonders plausibel, weil sie eine Form sozialer Kontrolle ist, die nur auf einen sehr begrenzten Teil der Bevölkerung und bei dieser auch nur auf gewisse menschliche Beziehungen Anwendung findet. Für Frauen und Sklaven gelten weder die Normen der Gerechtigkeit noch die des Rechts. Sie gehören, nicht anders als Kinder, zu einer Hauswirtschaft, die persönlicher geordnet ist. Überdies gibt es Beziehungen zwischen Freundschaft und Großzügigkeit, die andere Aspekte des besten männlichen Charakters betreffen als seine Gerechtigkeit, die zwischen Freund und Feind keinen Unterschied macht. Was mir für Aristoteles' Verständnis von der Herrschaft des Gesetzes am wichtigsten zu sein scheint, ist seine Konzentration auf den Urteilenden, denjenigen, der das Rechtsurteil fällt, den Mann oder die Männer der Vernunft und des Syllogismus, die in der Sphäre arbeiten, in der alle anderen von körperlichen oder politischen Begierden angetrieben werden. Auf ihren Schultern lastet die Verantwortung, die grundlegenden Maßstäbe des Gemeinwesens durch ihre tägliche Anwendung zu sichern und vernünftige Diskussionsformen in der politischen Arena aufrechtzuerhalten. Es bietet sich eher ein Bild der Vermittlung statt der sozialen Kontrolle mit all ihren Unsicherheiten. Die Gewalt verbleibt bei den Herren der häuslichen Sphäre.[1]

Für ein gänzlich anderes Bild der Herrschaft des Gesetzes kann man sich nichts Besserem zuwenden als der Version Montesquieus. Während die als Herrschaft der Vernunft verstandene Herrschaft des Gesetzes bei Aristoteles verschiedenen überlebenswichtigen politischen Zwecken dient, hat Montesquieus nur ein Ziel, nämlich die Beherrschten gegen die Aggressionen der Herrschenden zu schützen. Das umfasst alle Menschen und erfüllt nur einen fundamentalen Zweck – die Freiheit von Furcht, an der Montesquieu ohne Frage viel lag. Ihre Reichweite ist daher um einiges geringer als die von Aristoteles' Herrschaft des Gesetzes, aber sie betrifft bei Weitem mehr Personen – alle, um genau zu sein. Um die Ziele dieser Spielart der Herrschaft des Gesetzes zu verwirklichen, ist kein außergewöhnlich hohes Maß an Tugendhaftigkeit erforderlich. Die Engländer, unter denen Montesquieu sie florieren sah, waren in seinen Augen alles andere als bewundernswürdig. Alles, was zur Herrschaft des Gesetzes in Europa angesichts seiner zahlreichen glücklichen historischen und geografischen Umstände nötig ist, sei ein angemessen ausbalanciertes politisches System, in dem eine Gewalt die andere kontrolliert, sodass weder die gewalttätigen Triebe eines Königs noch die Willkür eines Gesetzgebers so auf die Einzelnen direkten Einfluss nehmen können, dass es ihnen Furcht einflößt oder sie in ihrem täglichen Leben unsicher fühlen lässt. Mit der Entkriminalisierung von religiösen Überzeugungen, einvernehmlichem Sex zwischen Erwachsenen und der öffentlicher Meinungsäußerung bestehe die einzige Aufgabe der Judikative darin, die Schuldigen gesetzlich niedergelegter Verbrechen zu verurteilen, die als Handlungen zur Gefährdung anderer definiert seien, und die Unschuldigen vor solchen Taten zu bewahren. Dieser Herrschaft des Gesetzes geht es allein um das Verfahren in Strafsachen. Daher erklärt sich auch die Notwendigkeit einer unabhängigen Judikative. Die Idee ist weniger, richterliche Rechtschaffenheit und öffentliches Vertrauen sicherzustellen, als vielmehr die Exekutive und ihre vielen Vertreter daran zu hindern, der Judikative ihre Macht, Interessen und ihren Hang zur Verfolgung aufzuzwingen. So könne man den Magistraten als den notwendigsten und auch wahrscheinlichsten Beschützer der Bürger betrachten. Dieses ganze Programm basiert letztlich auf einer sehr grundsätzlichen Dichotomie. Der höchste geistige und politische Kampf sei stets zwischen Krieg und Recht geführt worden. Rom wählte den Krieg und verlor alles. Sollte Frankreich die Weltmonarchie und den Krieg wählen statt des englischen Wegs zu Freiheit und Recht, wäre es ebenfalls zu einem tödlichen Despotismus verdammt. Das ist das Schicksal, das die Herrschaft des Gesetzes als das durch eine Vielzahl prozeduraler Sicherungsmechanismen verstärkte Prinzip der Rechtmäßigkeit in Strafrechtsfällen zu vermeiden im Stande sei. Es ist ein äußerst ›gemachtes‹, ja, geplantes Recht. Trotz all seines Respekts vor eher ›inspirierten‹ denn erfundenen Sitten und Gebräuchen als Instrumenten gesellschaftlicher Kontrolle war sich Montesquieu über die Notwendigkeit bewussten politischen Handelns viel zu sehr im Klaren, als die Geschicke Europas der Geschichte zu überlassen. Er wusste, dass politische Systeme nicht wachsen. Sie dienen bekannten Zwecken und werden gewählt und verteidigt.[2]

Diese Version der Herrschaft des Rechts ist offensichtlich mit einer starken Theorie individueller Rechte sehr gut vereinbar. In der Tat sollte das in Amerika der Fall sein. Es ist allerdings nicht in erster Instanz eine Rechtetheorie. Die Institutionen justiziellen Bürgerschutzes mögen Rechte schaffen, aber vor allem existieren sie, um zu verhindern, was Montaigne für das größte alles menschlichen Bösen hielt – dauerhafte Furcht, hervorgebracht durch die Drohungen der Gewalt und die tatsächlichen Grausamkeiten der Inhaber militärischer Gewalt in einer Gesellschaft. Die Herrschaft des Gesetzes ist der einzige Weg, den die herrschenden Klassen haben, einander Kontrollen aufzuerlegen. Selbst ein so leidenschaftlicher Kritiker der englischen herrschenden Klasse wie E. P. Thompson stimmt mit Montesquieu darin schließlich überein. England war keine Gulag-Gesellschaft und seine politischen Klassen hatten sich zu einem gewissen Grad selbst in ihre Schranken verwiesen.[3] Das war es, was man damals unter Herrschaft des Gesetzes verstand.

Die einflussreichste Neuformulierung der Herrschaft des Gesetzes seit dem 18. Jahrhundert war A. V. Diceys unglückliche Aufwallung von angelsächsischem Provinzialismus. In seiner Formulierung wurde die Herrschaft des Gesetzes sowohl traditionalisiert als auch formalisiert. Nicht ganz ohne Ermutigung durch Montesquieu, aber völlig überzogen, begann er damit, die Herrschaft des Gesetzes in der fernen englischen Vergangenheit, in den Tiefen des Frühmittelalters zu erkennen. Ihre Gültigkeit beruhe auf ihrem Alter, darauf, dass sie gewachsen und nicht ungenügend hergestellt worden sei, wie bei den bedauerlichen Ländern des Kontinents, besonders Frankreich und Belgien. Sein zweites Hauptargument war, dass alle Rechtsfälle von derselben Körperschaft beurteilt wurden, die einem einzigen Regelkorpus folgten. Die Richter der *Common-Law*-Gerichte hätten mit der Zeit ein angemessenes System entwickelt, sodass England dem Verwaltungsrecht, jener Bedrohung der Freiheit, entgangen sei, in dem sich juristisch qualifizierte Tribunale eigens mit Staatsdienern betreffenden Fällen beschäftigen. Was das Strafrecht anging, kam es Dicey nur auf die *habeas-corpus*-Klausel an,[4] allerdings bereitete ihm das politische Arrangement der englischen Verfassung Sorgen, das zur Herrschaft des Gesetzes gehörte. Die Herrschaft des Gesetzes war daher sowohl als besonderes Erbe einer – und nur einer – nationalen Ordnung trivialisiert, als auch durch das Beharren darauf formalisiert, dass diese Ordnung nur eine bestimmte Reihe von geerbten Verfahren und Gerichtspraktiken erhalten könne. Nicht die Struktur oder die Zwecke gerichtlicher Sorgfalt, sondern lediglich ihre Formen wurden also wichtig für die Freiheit. Es ist kein Wunder, dass Dicey die englischen Gesetze und Freiheiten für bereits stark bedroht hielt. Wenn die Freiheit des Landes davon beeinträchtigt wurde, dass neue Gerichte sich mit neuen Falltypen zu befassen vermieden, dann stand das Ende in der Tat kurz bevor. Das politische Problem, das ihn dagegen sehr wenig beunruhigte, waren die Konsequenzen und das Wesen des Krieges und der Militarisierung der Politik.[5] Das waren natürlich genau die Hauptsorgen Montesquieus gewesen, und die Ereignisse unseres Jahrhunderts haben ihm darin sattsam recht gegeben. Trotzdem ist es Diceys Schatten, der sowohl über der libertären Beschwörung der Herrschaft des Gesetzes als auch den radikalen Angriffen auf sie hängt. Man braucht in der Gegenwart etwa nur an Friedrich von Hayek und Roberto Unger zu denken.

Die andere aktuelle Adaption der Herrschaft des Gesetzes hat ihre Wurzeln ebenfalls im letzten Jahrhundert. Ihre Ursprünge liegen in der gerichtszentrierten amerikanischen Jurisprudenz eines John Chipman Gray, allerdings ohne seinen Positivismus zu übernehmen.[6] Die Herrschaft des Gesetzes bleibt die Regel, nach der Richter urteilen, aber kollektiv und unter Umständen individuell laufen ihre Entscheidungen auf eine Herrschaft der Rationalität hinaus. Sie ist vielleicht nicht ganz so schlüssig wie Aristoteles' Herrschaft der Logik, aber die Ähnlichkeit ist unverkennbar. Ohne einen politischen oder philosophischen Rahmen, so wie ihn Aristoteles bereitgestellt hatte, schwebt diese neue Herrschaft der Gerichte im luftleeren Raum. Das ist eine der oft wiederholten Schwächen von Lon Fullers »innerer Moral« des Rechts, die auch jenen frühen Essays Ronald Dworkins zusetzt, in denen herkulische Richter im Alleingang die Herrschaft des Gesetzes aufrechterhalten. Auch trägt die Voreingenommenheit dieser Theorien für das Privatrecht nicht gerade dazu bei, in die Herrschaft des Gesetzes jene Aspekte sozialer Kontrolle zu integrieren, die Aristoteles' Herrschaft der Vernunft ursprünglich den Herren rechteloser Menschen überließ.

Kein Verteidiger der Herrschaft des Gesetzes übernahm mehr von Diceys Ängsten als Friedrich August von Hayek, wobei dabei leider Diceys nicht unbeträchtliche historische Bildung auf der Strecke blieb.[7] Stattdessen erhalten wir eine Epistemologie. Die Herrschaft des Gesetzes ist in Hayeks Augen nicht wegen der wiederkehrenden Gefahr von Unterdrückung und Verfolgung notwendig, so wie sie Montesquieu und Dicey fürchteten, sondern wegen der nicht zu verringernden Unwissenheit der Menschen. Weil es für uns unmöglich sei, jederzeit die Folgen oder die Form der Handlungen jedes einzelnen Mitglieds der Gesellschaft vorherzusagen, werde es auch völlig unmöglich, unsere kollektive Existenz zu planen. Aber wenn wir allgemeine Richtlinien festschrieben, die nicht mehr leisten sollen als uns vor Zusammenstößen bei der Durchführung unserer eigenen Projekte zu bewahren, dann würden wir glücklicherweise trotz unseres begrenzten Wissens prosperieren. Diese leitenden Grundsätze sind, was Hayek die Herrschaft des Gesetzes nennt. Ihr Hauptverdienst sei die Förderung des freien Markts, sie soll aber auch andere Vorteile haben: Wir würden klüger, wenn wir diese Minimalregeln gesellschaftlichen Verhaltens verinnerlichten. Sobald Einzelne ihre persönlichen Entscheidungen diesen ›Wegerechtsregeln‹ anpassten, denn darum handelt es sich dabei letztlich, sei statt Anarchie die Entstehung einer »spontanen Ordnung« zu erwarten. Es gebe gar einen evolutionären Prozess, der durch diese zahllosen persönlichen Handlungen und Anpassungen in Gang gesetzt werde. Als Folge gehäufter individueller Miniexperimente stehe eine natürliche Selektion von Regeln und Traditionen zu erwarten. Dies sei aber nur möglich, solange die Regeln planlos sind, das heißt, solange sie auf kein besonderes gesellschaftliches Ziel zustreben. Sie passen an, aber sie ordnen nicht. Sie dürfen Tätigkeiten nur regeln, um unnötigen Konflikt, Widerstreit und ungewollten Schaden zu verhindern. Überdies dürfen sie nicht zu streng sein. Denn obwohl Vorhersehbarkeit das Hauptanliegen eines solchen Rechts ist, dürfe es technologischen Wandel nicht ersticken, sondern müsse den Menschen vielmehr helfen, sich seinen Anforderungen anzupassen. Es ist unklar, warum das keine zweckgerichtete politische Handlung sein soll. Ebenfalls ist schwer einzusehen, warum wir in der Lage sind, die gewaltigen Unternehmungen zu planen, durch die moderne Technologien geschaffen worden sind, und die sie ausführenden Firmen und herstellenden Betriebe einzurichten, wenn wir der möglichen Zukunft wirklich so unwissend gegenüberstehen. Und doch ist es Hayeks Überzeugung, dass uns ein »konstruktiver Rationalismus« seit der Frühen Neuzeit zu dem Irrglauben verleitet hat, wir könnten unsere gesellschaftliche Zukunft planen und gar Märkte regulieren. Er habe Bestrebungen inspiriert, der Gesellschaft künstliche Rechtsordnungen aufzuzwingen, die ihre verkündeten Ziele nie verwirklicht, sondern vielmehr dazu beigetragen hätten, die »spontane Ordnung« zu stören und verkümmern zu lassen. Das scheint allerdings nicht auf die Regulierung krimineller Handlungen und des Strafrechts zuzutreffen, wozu Hayek sich sehr bedeckt hält. In diesem Bereich können wir ohne Frage vorhersagen, planen und sogar Gesetze erlassen. Von unserer Fähigkeit, Kriege zu erklären, ist sogar noch weniger zu hören.

Anfangs erachtete Hayek das kontinental-europäische kodifizierte Rechtssystem für brauchbarer, um eine gesellschaftliche Vermittlerposition zu bilden, aber letztendlich hielt er es für wahrscheinlicher, dass das *Common Law* langsam aber sicher diese wenigen aber notwendigen Regeln für eine stets voranschreitende Wirtschaft entwickeln würde. Es sei in der Lage, diese formalen und unpersönlichen Richtlinien festzusetzen, die es der »spontanen Ordnung« des Marktes erlaubten, sich ungehemmt weiterzuentwickeln. Öffentliche, auf gesellschaftliche Zwecke abzielende Planung sei aber nicht die einzige Bedrohung für diese Herrschaft des Gesetzes. Zu intellektueller Arroganz gesellten sich primitive Gefühle von Stammesloyalität und gemeinschaftlichen Bindungen, die ihren Ausdruck in einem die rationale Evolution der »spontanen Ordnung« hemmenden Nationalismus fänden. Bei dieser Ordnung handele es sich jedoch gerade nicht um das Werk blinder oder gefühlsbedingter Einzelner, sie sei vielmehr das Ergebnis aller von den rationalsten Mitgliedern der Gesellschaft getroffenen Entscheidungen. Denn diese wendeten ihre Klugheit nicht auf öffentliche Dinge, die kein Geist je ganz erfassen könne, sondern beschränkten sich auf die Berechnungen ihrer eigenen auch wirklich realisierbaren Pläne. Vermutlich können sie das trotz all der anderen Akteure, deren Tätigkeiten ihnen doch ebenfalls ungewiss bleiben müssen.

Hayek gilt zurecht nicht als Konservativer. Weder verteidigt er Autorität oder Hierarchie, noch sehnt er sich nach jenen Familien- und Gemeinschaftstraditionen, deren Zerstörung dem Liberalismus durch seine konservativen Kritiker vorgeworfen wird. Seine »spontane Ordnung« hat nichts mit diesen emotionalen Bindungen zu tun. Seine Herrschaft des Gesetzes soll die Gesellschaft nicht einen oder ihr gemeinsam geteilte Bestrebungen bieten. Im Gegenteil, sie existiert, um Ineffizienz, Irrationalität, Irregularität, Willkür und letztlich Unterdrückung zu verhindern. Denn kämen die »konstruktiven Rationalisten«, die die Gesellschaft zu reformieren versuchen, einmal dahinter, dass ihre künstlichen Programme zum Scheitern verurteilt sind, nähmen sie unverzüglich zum Totalitarismus Zuflucht, um ihre Macht zu erhalten und ihre zerstörerische Herrschaft fortzusetzen. Auf diese Weise kamen allerdings weder die faschistischen, nazistischen, noch die sowjetischen Regimes unseres Jahrhunderts zustande. Ohne Krieg, Ideologie, das Überleben einer militärischen Klasse und ihrer Werte und vieles mehr kann man nicht einmal den Anfang eines Erklärungsversuches dieser Phänomene machen. Nur bietet Hayek für keine seiner Theorien historische Beweise. Sie sind die Ausarbeitung seiner nicht zu falsifizierenden Annahmen über menschliche Unwissenheit und ihre notwendigen politischen Folgen.

Für die politische Theorie ist das wesentliche Merkmal dieser Version der Herrschaft des Gesetzes weniger ihre Abstraktheit als ihr Ausmaß. Die allgemeinen und unpersönlichen Regeln sind weder dazu da, die von Hayek für zu unflexibel gehaltenen Rechte zu schützen, noch dienen sie den bescheidenen, an eine institutionelle Ordnung gebundenen Zielen, die Montesquieu im Sinn hatte. Die Regeln erreichen sehr viel mehr als die Bürger sich sicher vor den Agenten des staatlichen Zwangsapparats fühlen zu lassen, denn sie erhalten die freie Marktwirtschaft aufrecht. Deren »spontane Ordnung« ist selbst das Fundament, auf dem alle anderen Aspekte der Gesellschaft als Ganzer ruhen. Alles andere ist von ihr abgeleitet. Dieses Konstrukt entbehrt nicht nur jeder Verbindung zu historischen Gesellschaften, es nimmt letztlich an, dass Gerechtigkeit unter allen anderen Umständen unmöglich sei. Zu einer weit zurückliegenden Zeit im letzten Jahrhundert soll sie einmal geherrscht haben, aber wie Dicey schon behauptete, war sie in Großbritannien und Amerika bereits im Verfall begriffen.

Das negative Spiegelbild des Dicey-Hayek'schen Modells der Herrschaft des Gesetzes findet man bei den radikalen juristischen Kritikern des Liberalismus, allen voran Roberto Unger.[8] Auch für ihn macht die Herrschaft des Gesetzes die gesamte Rechtsordnung des liberalen Staates aus. Sie habe bis zur Etablierung des Wohlfahrtstaates bestanden und ihr Ziel und Charakter entsprächen den Beschreibungen Hayeks, statt aber als Schutz irgendeiner spontanen Ordnung zu fungieren, diene sie dazu, Hierarchien, Ausbeutung und die Zerstörung vorkapitalistischer Gemeinschaften zu kaschieren. Die liberale Herrschaft des Gesetzes ist Unger zufolge ganz offen durch das inspiriert, was Hayek für ihre Wirklichkeit hält – die Allgemeingültigkeit einheitlich angewandter Regeln, die eine von den restlichen Staatsgewalten geschiedene Judikative vollstreckt. Und wie Hayek glaubt auch Unger, dass dieses System versagt habe und gar nicht hätte bestehen können; es sei in Wirklichkeit nie ›real‹ gewesen. Es nehme seinen Ausgang im frühneuzeitlichen Europa als schlechte Abmachung zwischen Händlern und monarchischen Bürokraten, die bereits mit einem stabilen Rechtscode operierten, um die königliche Herrschaft zu stützen. Die Händler hätten es vorgezogen, jenseits des Staatsapparates ihr eigenes Regelsystem zu errichten, das ihren tatsächlichen Bedürfnissen besser entsprochen hätte, aber sie seien unfähig gewesen, der Vereinnahmung durch die gegebene Bürokratie zu entgehen. Es sei ein schlechtes Geschäft gewesen, aber doch das bestmögliche. Ihr zweites Versagen habe in ihrer Unfähigkeit bestanden, die Gesellschaft mit dem Geist des Liberalismus zu durchdringen, sodass ihre Rechtsordnung nicht das geringste Maß an Legitimität erlangen konnte. Der Pluralismus von Interessengruppen und der freie Markt seien nie in der Lage gewesen, jene Bindungen zu etablieren, die die vom Liberalismus untergrabenen religiösen und gemeinschaftlichen Loyalitäten mit solcher Leichtigkeit beschwören konnten. Der Herrschaft des Gesetzes habe daher von Anfang an jede gesellschaftliche Basis gefehlt. Nicht dass sie verteidigt zu werden verdient hätte, sei sie doch von vornherein nichts als eine Maske gewesen. Diese Lesart Max Webers gilt als Geschichtsschreibung, ist aber in Wirklichkeit nicht weniger abstrakt als Hayeks Darstellung der Herrschaft des Gesetzes. Darüber hinaus stimmt sie mit Hayeks Idee überein, dass die Herrschaft des Rechts mit primitiven Loyalitäten unvereinbar sei. Auch sind die Folgen die gleichen, die daraus erwachsen, dass die Judikative gezwungen ist, im Laufe ihrer Verfahren zwischen konkurrierenden Interessengruppen zu wählen. Hayek würde natürlich von ihr verlangen, sich aus solchen Streitigkeiten herauszuhalten, weil es nicht die Aufgabe einer Rechtsordnung sei, sich in politische Entscheidungen einzumischen. Unger hält das aber für unvermeidlich, während Hayek lediglich glaubt, dass es ein fürchterlicher Fehler gewesen sei, der nicht hätte geschehen dürfen. Hayeks Ansicht nach hätte man es den Interessengruppen selbst überlassen können, ihre Probleme zu lösen. Sich einzumischen habe zur Folge, was Unger »partikularistische Urteile« nennt. Mit ihnen entlarve sich die Fiktion richterlicher Allgemeinheit und Neutralität als Schwindel und alles noch übriggebliebene Vertrauen in die liberale Herrschaft des Gesetzes müsse und solle ebenfalls verschwinden. Auch könnten die Regierungen von Wohlfahrtsstaaten nicht weiter die Täuschung aufrechterhalten, dass sie durch Regeln begrenzt seien. Sie stünden nicht nur im Dienst der einen oder der anderen Fraktion, sondern verheimlichten dies nicht einmal. In jedem Fall sei die Möglichkeit, dass sich die Herrschaft des Gesetzes noch von selbst als gültig erweisen könnte,

durch die von Pluralismus und Wohlfahrts-
system aufgedeckten Realitäten zerstört worden, die all die Hierarchien und Ungerechtigkeiten der bürgerlichen Gesellschaft enthüllten.
So lautet die Klage Hayeks, und Unger unterscheidet sich von ihm lediglich dadurch, dass
er den Kollaps der liberalen Ordnung als hoff-
nungsvollen Schritt in eine weit bessere politische Zukunft betrachtet. Dass die politischen
Leitlinien des Wohlfahrtsstaates, die auf Effizienz und pragmatische Aufgeschlossenheit
abzielen, das Ende der Herrschaft des Gesetzes
ankündigen, war in der Tat bereits Diceys Bot-
schaft gewesen. Die einzige Frage, die ihre Erben beantworten müssen, ist, warum die Bürger
angloamerikanischer und anderer Wohlfahrtsstaaten nicht so unterdrückt sind, wie sie als
unvermeidlich vorhergesagt hatten.

In seinen jüngeren Schriften schlägt Unger
einen noch schärferen Ton an, wenn es darum
geht, die Herrschaft des Gesetzes zu brand-
marken. Jetzt hält er sie, anders als in seinen
früheren Analysen, für einen rein ideologischen
Deckmantel, den es herunterzureißen gelte,
um den Schwindel einer ganzen Ideologie der
Herrschaft des Gesetzes bloßzustellen. Als
einer der Wortführer der Kritischen Rechtswissenschaft (*critical legal studies*) betrachtet
er nun den Formalismus, den Glauben an ein

lückenloses, unpersönliches Rechtssystem, als die hauptsächliche ideologische Tarnung, hinter der sich ein »schamloser« Liberalismus verberge. In Wirklichkeit sei der Liberalismus der Diener finsterer Interessengruppen und seine Rede von Rechten bloße Heuchelei. Das trete als sein abstoßendstes öffentliches Laster hervor. Das Wort ›Ideologie‹ wird hier als Schimpfwort gebraucht, das den heuchlerischen und egoistischen Charakter des rechtlichen Liberalismus bloßstellen soll. Die Wirklichkeit des Liberalismus, seiner Fairness und seiner rechtlichen Unparteilichkeit werde von hierarchischen und atomisierenden politischen Strategien bestimmt. Das Ziel der Rechtswissenschaft sei es, die Schwachstellen im System zu finden, Ansprüche zu erheben und immer neue persönliche Rechte einzufordern, die am Ende das ganze System destabilisieren würden. Das Schlachtfeld sei dabei die juristische Fakultät, in der ein kooperativer Zusammenschluss aus Lehrenden und Studenten ein Beispiel davon gäbe, wie eine brüderlichere Gesellschaft aussähe. Dieser Zusammenschluss würde auch zeigen, wie man weniger individualistische Lösungen gegenwärtiger Rechtsfälle ausarbeiten könnte.

Dass die Reform des juristischen Curriculums das amerikanische Recht zu verändern in der Läge wäre, ist keine neue Idee. Schrittweise gesellschaftliche Erneuerung beinhaltet die Anerkennung der Tatsache, dass das Rechtssystem eine gewisse Autonomie von der liberalen politischen Gesellschaft besitzt, in der es operiert – eine Annahme, die diese kritische und denunziatorische Analyse der Herrschaft des Gesetzes nicht stützt. Sie ist eine Form des Protests, der sich ohne Frage völlig in die Tradition intergenerationeller Konflikte in Amerika einreiht, die Samuel Huntington kürzlich beschrieben hat. Sie nimmt die Form eines manichäischen Wettkampfes zwischen der Wirklichkeit amerikanischer Politik und ihrem Versprechen an.[9] Und in Anbetracht des allgemeinen kulturellen Wertes, der vor allem unter jungen Menschen der Aufrichtigkeit zugeschrieben wird, lautet die Hauptanklage stets Heuchelei. Es ist ein Ruf nach Reinheit, der zutiefst antiinstitutionelle Züge trägt und an die Bekenntnistraditionen eines sektiererischen Protestantismus gemahnt: Die Hierarchien werden stürzen und der Amerikanische Traum schließlich Wirklichkeit werden. Auch werde es eine relativ schmerzlose Wandlung sein, weil sie vornehmlich durch die existierenden Rechtsstrukturen betrieben würde. Der Erfolg dieses Projektes wird durch einen sehr einfachen Glauben an moralischen Fortschritt garantiert.

Aus einer funktionalistischen gesellschaftlichen Perspektive könnte man vorbringen, dass die gemeinsamen Lehrer-Schüler-Unternehmungen der Kritischen Rechtswissenschaft dazu gedient haben, den existierende Berufsstand der Juristen aufrechtzuerhalten, indem sie radikalen College-Abgängern dabei halfen, sich langsam und ohne allzu großen psychologischen Aufwand an die fremde und ungeliebte Kultur der juristischen Fakultät und schließlich der Berufswelt anzupassen. Sie sind also eher behutsam integriert als plötzlich hineingeworfen worden, was für sie und die anderen Menschen um sie herum womöglich sehr viel traumatischer gewesen wäre.

Freilich ist es weder neu noch ungewöhnlich, Gerichte und Juristen als Mitglieder der politischen Gesellschaft zu betrachten, in der sie als Teile eines einzigen politischen Kontinuums, in dem auch andere öffentliche Instanzen entsprechend ihres Maßes an Gerichtsähnlichkeit oder ›Tribunalität‹ platziert sind, sowohl vermittelnde als auch steuernde Funktionen ausfüllen.[10] Daraus folgt weder, dass Gerichte keine eigenen charakteristischen Verfahren oder Rollen haben, noch, dass diese eine schwindlerische Farce darstellen, um die Wirklichkeit der Unterdrückung zu verstecken. Richter und Anwälte erfüllen politische Aufgaben und ihre Praxis ist ein wesentlicher Bestandteil einer dauerhaften Ordnung. Um zu urteilen, muss man offensichtlich die machbaren Alternativen und Möglichkeiten erwägen. Das kann man als feigen ›Objektivismus‹ verdammen, der die radikale Inbrunst der Lauteren erdrückt. Aber warum sollte man nicht die jeweils geltenden Kosten der Unschuld abschätzen? Das ist keine utopische Vorgehensweise und in der Tat ist Ungers Vision mit ihrer ausdrücklichen Ablehnung historischer Argumentationen weder falsifizierbar noch zum Gegenstand von Deliberation zu machen. Sie ist, wie jeder Glaube, eine Aussage des Alles-oder-Nichts. Auch darin ähnelt sie Hayeks Sicht auf die Herrschaft des Rechts als Allheilmittel. Denn auf der Basis seines Glaubens an die allgemeine Unwissenheit ist es ebenso unmöglich, die Folgen einer bestimmten Handlungsweise abzusehen, wie die ihrer Unterlassung. Die Tatsache, dass X als Gesellschaftspolitik versagt zu haben scheint, bedeutet nicht, dass nicht-X zu tun notwendig eine zuträgliche Vorgehensweise ist. Diese Überzeugung gründet nicht weniger in blindem Glauben und vertraut eigentümlicherweise ebenfalls auf menschlichen Fortschritt. Einen solchen Glauben in den letzten Jahren unseres Jahrhunderts für unplausibel zu halten, ist aber wohl kaum zynisch. Diese Überlegung sollte nicht als die selbstgefällige Versicherung missverstanden werden, dass uns die Herrschaft des Rechts nicht zu interessieren brauche oder dass Amerika nicht reformfähig sei. Sie bedeutet, dass es keinen Sinn ergibt, um einer wirklich brüderlichen Ordnung willen das existierende System der bürgerlichen Freiheiten und Rechte und das dieser Haltung zugrundeliegende individualistische Ethos zu destabilisieren. Solches zu wünschen verrät ein nur geringes Verständnis für die Zerbrechlichkeit persönlicher Freiheit, die der wirkliche und einzige Bereich der Herrschaft des Gesetzes ist.

Wenn Montesquieus Modell in den Händen einer historischen Theorie gelitten hat, so wurde Aristoteles nicht weniger missbraucht. In seinem Fall wurde der Schaden durch politische und philosophische Abstraktion angerichtet. Die Rationalität des Urteilens ist, wenn sie getrennt von ethischen und politischen Umständen betrachtet wird, in denen Aristoteles sie beschrieb, so unverständlich wie der liberale Archetyp, sobald er seinem Kontext entrissen wird. Keine zwei Autoren könnten diese Schwierigkeiten besser illustrieren als die beiden repräsentativsten Rechtstheoretiker Amerikas, Lon Fuller und Ronald Dworkin.

Sowohl Fuller als auch Dworkin konzentrieren sich völlig auf die Rationalität des Urteilens, zumal, wie sie von Richtern der höchsten Gerichtshöfen Anwendung findet. Die Herrschaft des Gesetzes als Herrschaft der Vernunft ist für beide der Ausdruck der maßgeblichen Urteile von Richtern an Berufungsgerichten, oft auch von Richtern am Obersten Gerichtshof der Vereinigten Staaten. Sie hat wenig zu tun mit der Wirklichkeit unseres kommunalen Gerichtssystems, vor allem nicht dem unserer Städte. Diese Form der Herrschaft des Gesetzes soll nicht die reale Arbeitsweise der Rechtsordnung beschreiben, sondern vielmehr ihr rationales Potenzial. Und das, obwohl dies aus Fullers Buch nicht genau hervorgeht, in dem oft der Anspruch erhoben wird, eine Darstellung des historischen Charakters von Rechtsinstitutionen vorzulegen. Der springende Punkt für Fuller ist aber, dass Rationalität zur Gänze in den Argumenten zu finden sei, die Richter zur Verteidigung ihrer Entscheidungen vorbringen müssten und auch wirklich vorbrächten. Die Betonung der Rationalität von Argumenten stammt von Aristoteles, die Trennung des Richters vom normativen und politischen Kontext, innerhalb dessen seine Erwägungen stattfinden, hingegen nicht. Das Ergebnis ist ein Abstraktionsniveau, das so hoch ist, dass es diese Modelle politisch irrelevant werden lässt.

Bei Fuller scheint die Rechtsordnung den Staatsprozess in seiner Gesamtheit abzudecken. Sie leistet mehr als nur den freien Markt zu schützen, wie das in Hayeks bester aller möglichen Welten geschieht. Seine Herrschaft des Gesetzes ist geschaffen, jedwedes gesellschaftliche Verhalten zu umfassen. Und ihre »innere Moralität« speist sich aus ihren sie definierenden Merkmalen: Recht muss allgemein, öffentlich bekannt, nicht rückwirkend, klar, konsequent, nicht unmöglich umzusetzen und dauerhaft sein und Regierungsvertreter müssen seinen Regeln folgen. Anders als Aristoteles bestimmt Fuller nicht genauer, über welche Gesellschaftsform ein solches Rechtssystem herrschen würde, auch bietet er kein sonderlich deutliches Bild der anderen gesellschaftlichen Kontroll- und Zwangsinstitutionen in der Geschichte dieses Konzepts. Man kann spekulieren, dass er nicht sehr tief über andere Gemeinwesen nachgedacht hatte als das der Vereinigten Staaten. Und als Rechtsideal gibt es bei dieser konventionellen Liste juristischer Bestrebungen für uns wenig zu akzeptieren oder zu verwerfen.[11] Es ist sein moralischer Status, der in völliger Abwesenheit einer ethischen Argumentation ungewiss scheint. Aristoteles lieferte uns immerhin Gründe für den ethischen und rationalen Charakter und die Funktionen der Herrschaft des Gesetzes. Für sich genommen mag Fullers inneres moralisches Gesetz dagegen mit Regierungen des repressivsten und irrationalsten Schlages vollkommen kompatibel sein und in der Tat ist es das auch gewesen. Gerade die formale Rationalität eines bürgerlichen Rechtssystems kann einen Verfolgung betreibenden Kriegsstaat unter jenen Würdenträgern legitimieren, die damit beauftragt sind, das Privatrecht und ihre Nutznießer zu verwalten. Das war ohne Frage in Nazideutschland der Fall, dessen Rechtskaste ohne Umstände bereit war, die Aktivitäten des neuen Gerichts-, Polizei- und Vernichtungssystems zu ignorieren, solange »die innere Moralität« ihres Rechts unangetastet blieb.[12] Das Paradox der Sklaverei, das den Sklaven gleichzeitig zu einem Menschen und dem Eigentum eines anderen macht, schuf auch im Amerika vor dem Bürgerkrieg einen »Doppelstaat«, der ganz genauso irrational war. Niemand kann zu drei Fünfteln Mensch sein und zu zwei Fünfteln Ding, wie es das ›Bundesverhältnis‹ in der Urschrift der Verfassung vorsah.[13] Auch ist das Verbot, einen Sklaven zu töten, weil er ein Mensch ist, mit seinem Status als Nichtperson vor dem restlichen Rechtssystem unvereinbar, ganz zu schweigen von seiner Exklusion von den Grundsätzen der politischen Ordnung als Ganzer.[14] Ein solches Rechtssystem ist so rational wie die politische Ordnung, die es stützt. Es mag seiner Kohärenz und anderer moralischer Charakteristika der Entscheidungen seiner Justiz wegen ein Muster an »innerer Moralität« sein, aber irrational ist es doch. In einer neuzeitlichen liberalen Gesellschaft ist Sklaverei irrational, ganz gleich, wie sorgfältig und unparteiisch sie der schwarzen Bevölkerung aufgezwungen wird und wie frei und sicher ihre weißen Bürger unter einer partiellen Herrschaft des Gesetzes auch sein mögen. Weit davon entfernt, die Herrschaft der Vernunft durchzusetzen, die sie schaffen soll, kann die »innere Moralität« des Rechts problemlos politische Irrationalität effektiver machen und sie jenen, die von ihr profitieren, attraktiver erscheinen lassen. Überdies bleibt der »Doppelstaat« in unserem Jahrhundert eine beständige Möglichkeit. Von seinem allmählichen Verschwinden in den Vereinigten Staaten sicherlich ermutigt, glaubte Fuller, dass mit der Zeit das Recht unweigerlich die Politik allgemein rationalisieren würde. In der Politik, meinte er, gehe es um die Ziele der Wähler und ihrer Vertreter und das Recht gebe ihnen Struktur. Hierin liegt eine Theorie moralischen Fortschrittes, die nicht weniger tief greift als die Hayeks. Es ist allerdings schwer, sich vorzustellen, was die Idee von der Herrschaft des Gesetzes als dem erwiesenen Werkzeug der Vernunft außerdem noch zu stützen vermöchte.

Die neueren Essays Ronald Dworkins entlasten ihn in zunehmendem Maße von ähnlichen Anklagen politischen und historischen Fantasierens. Es ist offensichtlich, dass nur von einem Gemeinwesen, das sich öffentlich und dauerhaft auf so etwas wie die Unabhängigkeitserklärung verpflichtet hat, behauptet werden kann, sein Modell einer rechtlichen Herrschaft der Vernunft zu stützen. Genau genommen hat Dworkin dieses Dokument nicht hervorgehoben, aber das Primat gleich verteilter Rechte, das ihre grundlegende Norm ist, besitzt kein beständigeres oder bekannteres öffentliches Fundament. Die Unabhängigkeitserklärung mag kein Landrecht sein, aber ist ohne Frage nicht einfach irgendein beliebiges Pamphlet. Und zieht man die gewaltige erneuernde und belebende Kraft in Betracht, die es im Drama politischer Rechte in Amerika von der Revolution, über die jacksonianische Demokratie, den Abolitionismus und die Umsetzung verfassungsmäßiger Rechte seitdem entfaltet hat, ist es kaum abwegig zu sagen, dass ihre Funktion darin besteht, eine unveränderliche übergesetzliche Rechtfertigungsquelle gleich verteilter Rechte zu sein. Die Unabhängigkeitserklärung steht für eine stete Aufmerksamkeit, die der Erhaltung und Verbesserung gleicher Rechte durch Gerichte und Bürger geschenkt wird. Daher ist es nicht der Gesichtspunkt gleich verteilter Rechte von Dworkins Theorie, der hier zur Debatte steht, sondern die Vorstellung der Herrschaft der Vernunft, die allein von herkulischen Richtern in einem politischen und ethischen Vakuum hergestellt wird, das so problematisch ist wie Fullers »innere Moralität« des Rechts. Selbst unter der gerechtfertigten Annahme, dass zumindest in Amerika, wenn auch nicht in anderen politischen Gesellschaften, Rechte das herrschende Ethos ausmachen, ist unverkennbar, dass die Herrschaft der Vernunft nicht allein durch die rationalen Argumente aufrechterhalten werden kann, die Richter bei der Entscheidung schwerer und weniger schwerer Fälle vorbringen müssen.

Der höchst kompetente Richter in Dworkins Modell der Herrschaft juristischer Vernunft zieht so wenig wie sein Erfinder den politischen Kontext in Betracht, innerhalb dessen er Fälle entscheidet oder der die Fälle gar produziert, die er entscheiden muss. Er mag inmitten der maßlosen Irrationalität leben, die unser Steuer- und Einwanderungsrecht durchzieht, inmitten des Niedergangs von Verwaltungsbehörden und der ewigen Gefahr von Kriegen und der Vorbereitung auf sie – wenn aber Rechtsentscheidungen in angemessenen Regeln, Prinzipien und Maßstäben fundiert sind und rational verteidigt werden, werde die Herrschaft des Gesetzes und die Herrschaft der Vernunft triumphieren. Die Sphäre richterlicher Handlungsfähigkeit ist freilich sehr groß. Um zu entscheiden, welche der vor ihm stehenden Parteien Recht hat, brauche der wirklich wissende Richter nicht allein die Regeln zu beachten, um zu einer rationalen Entscheidung zu gelangen, er könne seine Begründung auch auf die Prinzipien stützen, die der politischen Ordnung innewohnen, deren Mitglied er ist, und auf ihre impliziten Maßstäbe politischer Moralität. Tue er das, schaffe er kein neues Recht oder mache lediglich von seinem Ermessen Gebrauch, weil seine Argumente aus einer Hierarchie von Normen abgeleitet seien und nicht aus Überlegungen, die politische Leitlinien, Effizienz oder das öffentliche Wohl betreffen. Dworkin weiß natürlich, dass sich Entscheidungen über politische Leitlinien sehr leicht in die Sprache von Prinzipien übertragen lassen. Gesetzgeber und Privatleute tun das in der Tat andauern. Die Rationalität richterlicher Sprache hänge aber dennoch von diesem formal normativen Merkmal ab. Solange es innerhalb der Grenzen normativer Logik bleibe, könne man seine Rationalität nicht bestreiten.[15] Auf eine begrenzte Gruppe angewandt und unter Annahme der ganz bestimmten ethischen Funktionen, die Aristoteles der Herrschaft des Gesetzes hinzufügt, kann man mit einiger Berechtigung die syllogistische richterliche Logik als das Modell der Herrschaft mittels Vernunft betrachten. Aber kann man das auch in der Welt, in die Dworkin dieses Modell geworfen hat, zumal, wenn es um jene Arten von Kontroversen und politischen Kämpfen geht, in die sein Programm die Judikative unweigerlich verwickeln muss? Nicht allein die Judikative nimmt Rationalität für sich in Anspruch, auch andere Regierungsbehörden haben ihr Maß an ›Tribunalität‹, das heißt, prinzipiengeleiteter begründeter Entscheidungsfindung. Diese mögen selbst in Sachen normativer Rechtfertigung rational gefolgerte Maßstäbe als Begründung anführen, um sich richterlichen Entscheidungen über Rechte oder etwas anderes nicht zu fügen. Zudem gewährt oder verweigert zwar jede richterliche Entscheidung einen Anspruch, doch tun das politische und viele private Entscheidungen ebenso. Sie alle nehmen Rationalität für sich in Anspruch, wenn auch nicht den Status von Präzedenzfällen. Und wenige politische Kämpfe werden erbitterter geführt als diejenigen, die sich um die Frage des ›Wer entscheidet?‹ drehen. Sobald die Mitglieder der Judikative in diese Art des politischen Kampfes eintreten, verliert sich ihr Anspruch auf eine besondere und höhere Rationalität, wie elegant und prinzipiengeleitet ihre Entscheidungen in den jeweiligen Fällen auch sein mögen. In der Tat ist die Erosion öffentlichen Vertrauens, die solche politischen Kämpfe mit sich bringen, leicht geeignet, sich für die Judikative als lähmender als für andere institutionelle Akteure zu erweisen und so jegliche rationale Kraft zu verringern, die sie dem politischen System als Ganzem noch bescheren könnten. Aber das ist nur eine Entscheidung über politische Leitlinien, während es doch auf die Rationalität des Systems als Ganzem ankommt. Die einzige politische Ordnung, in der die Art der prinzipiengeleiteten Argumentation, die Dworkin dem rationalen Richter zuspricht, überhaupt möglich ist, ist notwendigerweise die repräsentative Demokratie, und diese neigt besonders zu langwierigen juristischen und unvoreingenommmen ausgetragenen Streitfällen. Die Fähigkeit eines Herkules, in einem solchen Gemeinwesen

zu bestehen, hängt weniger von der Rationalität seines jeweiligen Argumentationsstils als vielmehr von seiner Macht ab, wie sein Name ja schon andeutet. Die Rationalität seines Amtes beruht nicht allein auf der rationalen Qualität seiner Entscheidungen, sondern vielmehr auf seiner relativ distanzierten Position in der politischen Ordnung als Ganzer. Überdies mögen andere nicht nur politische Leitlinien sondern auch prinzipielle Argumente vorschlagen, die so schlüssig sind wie die seinen. Die letztendliche Entscheidung zwischen ihnen kann endgültig nur durch politische Konflikte ungewissen Ausgangs gefällt werden. Selbst wenn Dworkin Vernunft und syllogistische Argumentation so eng miteinander identifizierte wie Aristoteles, könnte er nicht ohne eine vergleichbare Vorstellung von Überzeugungsverfahren in der Politik oder von gesellschaftlicher Zwangsherrschaft zeigen, dass die Rationalität richterlicher Entscheidungen die Herrschaft der Vernunft in der ganzen Gesellschaft vorantreibt, oder gar die rechtliche Herrschaft gleich verteilter Rechte.

Hat es einen Sinn, weiterhin von der Herrschaft des Gesetzes zu sprechen? Nicht, wenn man mit ihr nur die Regeln bezeichnet, die in Gerichten gelten, oder sie als Spielball der Auseinandersetzung zwischen Freunden und Feinden des marktwirtschaftlichen Liberalismus versteht. Wenn sie dagegen als wesentliches Element des konstitutionellen Regierungssystems im Allgemeinen und repräsentativer Demokratie im Besonderen anerkannt wird, kann sie in der politischen Theorie offenkundig eine Rolle spielen. Die Herrschaft des Gesetzes mag in Diskussionen über Bürgerrechte und die Ziele, denen die Sicherheit von Rechten dient, in Anschlag gebracht werden. Beginnt man mit der Furcht vor Gewalt, der Unsicherheit vor Willkürregierungen und den Diskriminierungen der Ungerechtigkeit, kann man einen sinnvollen Platz für die Herrschaft des Gesetzes und für die Grenzen finden, die sie in der Geschichte den hartnäckigsten unserer politischen Probleme gesetzt hat. So verstanden ist die Herrschaft des Gesetzes sowohl das älteste als auch das jüngste theoretische und praktische Anliegen politischer Theorie.

Positive Freiheit und negative Freiheit
in den Vereinigten Staaten

Seit ihrer Veröffentlichung 1958 hat Isaiah Berlins berühmte Vorlesung *Zwei Freiheits-begriffe* bei sämtlichen Diskussionen über die politische Freiheit eine Vorrangstellung unter englischsprachigen Philosophen eingenommen. Auch wenn man sie heftig kritisiert hat, stellt sie noch immer die Grundlage der meisten Erörterungen dar. Denn Berlin hat darin eine sehr präzise Definition der negativen Freiheit gegeben und sie gegen alle anderen Bestimmungen verteidigt. Ihm zufolge bedeutet die negative Freiheit die Möglichkeit, unsere Vorhaben ohne äußeren Zwang zu verwirklichen. Demgegenüber hat er die positive Freiheit definiert als etwas, das den Sieg unseres höheren Selbst über unsere Leidenschaften und Interessen bedeutet und somit über unser niederes, das eben auch unser eigentliches Selbst ist. Diese Freiheit hat in der Politik häufig zur Rechtfertigung bevormundender oder unterdrückerischer Regime gedient.

Da sich der Liberalismus ein halbes Jahrhundert lang im Bezug auf totalitäre Ideologien zu bestimmen suchte, wurden diese Unterscheidungen als äußerst praktisch erachtet. Doch hat man diese Freiheitsauffassung auch als zu eng kritisiert. Das ist meines Erachtens nicht gerechtfertigt. Vage Definitionen sind selten richtig. Hier möchte ich darlegen, dass der Gegensatz zwischen den beiden Freiheiten für die Geschichte des politischen Denkens in Amerika, in dessen Mittelpunkt die Idee der Rechte steht, nicht relevant ist. Das Insistieren auf Rechte verdankt sich weniger dem Erbe John Lockes als vielmehr der Sklaverei, deren Erbe uns noch immer verfolgt. Die Rechte sind eben nicht diese ›offene Tür‹, die uns erlaubt, unsere Ziele zu erreichen, wie Isaiah Berlin negative Freiheit definierte. Vielmehr erlauben sie uns, unsere Ziele *gegen* andere zu erreichen. In den Vereinigten Staaten ist der Kampf zwischen Herr und Knecht kein metahistorisches Bild à la Hegel, sondern eine alltägliche Gegebenheit, die noch nicht verschwunden ist. Die Rechte stellen eine an die Regierung gerichtete Forderung dar, sich dafür einzusetzen, die Freiheit von Minderheiten, Schwarzen, Schwachen und all jenen zu schützen, die Bür-

ger zweiter Klasse sind. Man möchte die Herren daran hindern, wen auch immer zu unterdrücken. Rechte sind zudem nicht, was Berlin die Bedingungen der Freiheit nennt, ohne die man nicht in den Genuss der negativen Freiheit kommt. Die Rechte haben einen unabhängigen Wert. Sie sind nicht mehr nur Akte der Befreiung sondern die Freiheit selbst, denn sie stellen einen fortwährenden, endlosen gesellschaftlichen Prozess dar, eine politische Lebensweise. Sie sind das Resultat einer Freiheitsgeschichte, die stets vor dem Hintergrund der Sklaverei verstanden werden muss.

Aber die Sklaverei ist nicht alles. Auch die Rechtsinstitutionen der Vereinigten Staaten haben die Bedeutung der individuellen Rechte deutlich stärken können. Und gerade das Aufeinandertreffen dieser beiden historischen Vermächtnisse hat im zwanzigsten Jahrhundert einen Liberalismus geschaffen, der mit immer häufigeren und zunehmend hochgeschraubten Forderungen noch mehr Rechte zu erhalten trachtet. Wie schon Tocqueville bemerkte, werden in den Vereinigten Staaten alle politischen Probleme zu rechtlichen Problemen, denn alle werden früher oder später von den Gerichten und vor allem vom Obersten Gerichtshof der Vereinigten Staaten gelöst. Seit der Entstehung der Republik hat das Volk einer richterlichen Normenkontrolle zugestimmt, denn man ging davon aus, dass eine geschriebene Verfassung die Existenz eines Gerichts erforderlich mache, das befugt ist, darüber zu entscheiden, ob ein Gesetz, das von den zwei Kammern des Kongresses verabschiedet und vom Präsidenten unterzeichnet wurde, auch wirklich verfassungskonform sei. Da alle unsere Rechte in der Verfassung festgeschrieben sind, kann und muss jeder Bürger seine Rechte vor Richtern einfordern. Die politische Kultur der Vereinigten Staaten ist auf radikale Weise legalistisch und auf die Gerichte bezogen. Vor allem die Minderheitenrechte liegen in den Händen der Rechtsbeamten und nicht in denen der Gesetzgeber, die im Namen der Mehrheit jener Bürger handeln, von denen sie gewählt wurden. Es war daher unumgänglich, sich an die Gerichte und eben nicht an die gesetzgebenden Versammlungen zu wenden, als es um die Forderung ging, die Rassendiskriminierung und alle weiteren Anzeichen von Sklaverei aus dem öffentlichen Leben zu tilgen. Kurz, Freiheit bedeutet, dass ein jeder das Recht hat, sich vor einem Gericht gegen diejenigen zur Wehr zu setzen, die einen daran hindern wollen, seine Rechte als Bürger im Rahmen der Verfassungsrechte in vollem Umfang in Anspruch zu nehmen. Eine solche Frei-

heit ist keine passive Inanspruchnahme, sondern eine Form fortwährenden politischen Handelns.

Es ist eigenartig, dass in einem derart demokratisch organisierten Land wie den Vereinigten Staaten diese beiden Anomalien bestehen sollten: die Sklaverei und der Vorrang der Gerichte. Erstere steht der Idee demokratischer Gerechtigkeit in ihrer fundamentalsten Ausprägung entgegen. Die Unabhängigkeitserklärung besagt, dass es keine Regierung gibt, solange nicht zumindest das Einverständnis der Regierten existiert. Auch wenn es sich bei der Unabhängigkeitserklärung nicht um ein Gesetz handelt, ist sie doch keineswegs nur ein Pamphlet. Sie bezeichnet ein Versprechen politischer Moral, das bei der Entstehung der Republik gegeben wurde. Doch die Sklaven hatten zu keiner Zeit Gelegenheit, sich mit einer wie auch immer gearteten Sache einverstanden zu erklären. Nur sehr langsam haben sich die demokratischen Prinzipien herausbilden können und die Art, in der dies geschah, war meistens alles andere als demokratisch. Der Krieg im 19. Jahrhundert und heute die Gerichte haben weit mehr erreicht als die gewählten Volksvertreter. Die Sklaven sind nicht von der Mehrheit befreit worden, sondern im Verlauf eines Kriegs, bei dem es anfänglich gar nicht darum ging, der Sklaverei ein Ende zu setzen, der aber zu diesem Ergebnis gelangte. Sogar Lincoln, der sich gegen die Sklaverei stellte, war kein Abolitionist. Wie die meisten Amerikaner hoffte er, dass die Sklaverei nach und nach und von Rechts wegen verschwände.

Die Demokratie wird gleichwohl von der Souveränität des Volkes bestimmt oder durch die Herrschaft der Mehrheit. Die Verfassung beginnt mit den Worten: »Wir, das Volk«. Obwohl in der Verfassung ein Gericht wie der Oberste Gerichtshof mit keinem Wort auftaucht, sind es eigentlich dessen neun alte Richter, die, ohne dass dies in der Verfassung zusätzlich vermerkt wäre (was zu erreichen schwerfiele), die eigentlichen Souveräne darstellen. Sie haben das letzte Wort. Offensichtlich ist dies eine mit der Demokratie unvereinbare Institution, doch sie erwuchs aus dem Zusammentreffen dreier Faktoren. Die aus der Kolonialepoche und der amerikanischen Revolution entstammenden juristischen Traditionen, das Misstrauen gegenüber jeglicher Regierung und eine Demokratie, die kein großes Vertrauen in sich selbst besaß, haben den Vereinigten Staaten zwei Souveräne beschert: das Volk und den Obersten Gerichtshof. Folglich gibt es in den Vereinigten Staaten keine Souveränität. Es gibt einen Prozess zur Lösung der

Konflikte, die ein föderales und pluralistisches System mit sich bringt, sowie zum Schutz der Bürgerrechte. Aufgrund dieser komplizierten Situation ist das Drama der Freiheit in den Vereinigten Staaten nicht einfach ein Kampf zwischen Freiheit und Gleichheit, zwischen Minderheit und Mehrheit oder zwischen Individuum und Massenstaat. Es ist vielmehr die Suche nach einer politischen Situation, in der Gerechtigkeit und Freiheit nicht voneinander zu trennen wären, weil in ihr alle Rechte respektiert würden. Solange dieser utopische Staat nicht existiert, an den im Grunde genommen niemand glaubt, besteht die politische Freiheit in nichts anderem als in der Einforderung von Rechten.

Was hat es mit Isaiah Berlins beiden Freiheiten in einem solchen ideologischen und historischen Milieu auf sich? Erinnern wir uns daran, dass er seine Vorlesung inmitten eines Kriegs der Ideologien hielt, an die man mit beängstigendem Fanatismus glaubte. Da das Wort *Freiheit* ein enormes Prestige besitzt, haben sogar die repressivsten Regime vorgegeben, Verteidiger der Freiheit zu sein. Berlins erste Aufgabe bestand daher darin, die Freiheit, in diesem Falle die negative Freiheit, die Freiheit der Liberalen von der falschen Freiheit ihrer totalitären Feinde zu unterscheiden. Die negative Freiheit ist die ›offene Tür‹ oder die Möglichkeit zu handeln, ohne von jemandem beeinträchtigt zu werden. Meine Freiheit ist so ausgedehnt wie der Raum, in dem ich alles tun kann, was ich will, ohne dass irgendjemand einschreitet, schon gar keine öffentlichen Instanzen. Und er hat, was vielen seiner Kritiker entgeht, durchaus bemerkt, dass auch die Armen diese negative Freiheit schätzen, dass sie in ihrem Alltagsleben nicht kontrolliert und gelenkt werden möchten. Für sie ist der Mangel an Freiheit nur eine weitere Beraubung, die sie ertragen müssen.

Berlins zweites Anliegen war weit philosophischer. Indem er die Freiheit von allen anderen politischen Werten abtrennte, wollte er aufzeigen, dass es unmöglich ist, diese in einem einzigen öffentlichen Gut zusammenzuführen. Man müsse zwischen den Werten wählen. Keine platonische Harmonie und auch keine Rechtfertigung für die Vorherrschaft einer einzigen Idee! Das Gesundheitswesen, die Bildung, das Justizsystem voranzubringen, den Lebensstandard zu verbessern, die Künste und die Wissenschaften zu fördern, die Natur zu schützen – das sind lobenswerte gesellschaftliche Ziele, aber sie hängen nicht mit der Freiheit zusammen und können mein Vermögen einschränken, zu tun, was mir gefällt. Es mag sein, dass diese anderen öffentliche Güter zu den Bedingungen gehören, unter denen Freiheit möglich wird, aber die Freiheit selbst sind sie nicht. Jedenfalls hat man eine Wahl zu treffen. Doch die Notwendigkeit zu wählen, ist nicht allein aus der Vielfalt der politischen Werte zu verstehen. Sie beinhaltet auch Toleranz und politischen Pluralismus. Und diese beiden Ideen, Individualismus und Pluralismus, entsprechen den gesellschaftlichen Bedingungen und dem gegenwärtigen Stand der politischen Konflikte in den Vereinigten Staaten sehr gut. Sie haben zum Erfolg, den Isaiah Berlins Essay bei seinen amerikanischen Lesern hatte, nicht unerheblich beigetragen.

Gleichwohl hat man diese Theorien heftig kritisiert. Es gibt keinen Grund zu der Annahme, dass die Pluralität politischer Werte spezielle Konsequenzen mit sich brächte. Sie kann uns ebenso leicht zu Toleranz wie in die Anarchie führen oder uns den einen oder anderen dieser Werte willkürlich auferlegen. Es ist fraglich, ob das Konzept der zwingenden Unvereinbarkeit der Werte nur, wie es Isaiah Berlin beschreibt, liberale Folgen hat. Eine zweite, eher philosophische Kritik hält daran fest, dass Gerechtigkeit und Gleichheit notwendige Bedingungen sind, will man all den anderen politischen Werten nachkommen, und sie deshalb absoluten Vorrang besitzen. Dabei ist anzumerken, dass dieser Kritik mit ihrer Aussage, weder die Freiheit noch jegliches andere öffentliche Gut sei ohne eine für alle geltende Gerechtigkeit möglich, in den Vereinigten Staaten sehr viel Gewicht zukommt, denn sie ist in der Geschichte der Sklaverei und deren anhaltenden noch überall sichtbaren Folgen verwurzelt. Das soll nicht heißen, dass Gerechtigkeit und Freiheit ein und dasselbe sind, sondern nur, dass aufgrund der historischen Gegebenheiten der Vereinigten Staaten der Gerechtigkeit ein höchster politischer Wert zukommen kann. Das aber ist nicht mein Thema, obwohl viele der Einwände gegen Berlins Thesen von amerikanischen Autoren stammen.

Es ist erstaunlich, dass der Gegensatz zwischen den beiden Freiheiten für die Geschichte der Vereinigten Staaten nicht zutreffend ist und unsere Erfahrungen unberücksichtigt lässt. Ich bin davon überzeugt, obwohl ich die Befürchtungen derjenigen teile, die davon ausgehen, dass man schon mit dem kleinsten Zugeständnis an die positive Freiheit auf eine schiefe Ebene gerät und in die totalitäre Hölle abgleitet. Jedoch lässt sich die positive Freiheit meines Erachtens nicht auf den Versuch reduzieren, uns von unseren niederen Leidenschaften durch die Vernunft zu befreien – ein Versuch, der die Ideologie jener Regierungen befeuert, die sich wissenschaftlich nennen, die uns terrorisieren und unterdrücken, weil wir weniger erleuchtet sind als sie. Berlin sagt selbst, dass dies eine Perversion der positiven Freiheit sei, nicht ihre exakte Bedeutung. Er beschreibt sie zunächst als weit weniger bedrohlich. Sie stelle den Wunsch dar, niemandem unterworfen und sein eigener Herr und Meister zu sein. Aber die gefährlichen Illusionen dahinter erkennt er schnell. Man kann sich beispielsweise als sein eigener Herr fühlen, ohne wirklich frei zu sein. Man kann psychische Autonomie erlangen, indem man sich von der Welt löst wie Epiktet in seinen Ketten; aber das ist keine politische Freiheit. Und ebenso wenig handelt es sich um politische Freiheit, wenn man sich wissentlich einer eingesehenen Notwendigkeit unterwirft. Dies sind Vorspiegelungen, die der positiven Freiheit nicht innewohnen.

Sein eigener Herr sein zu wollen ist in Wirklichkeit die Kehrseite der negativen Freiheit. Wie kann man tun, was man möchte, ohne sein eigener Herr zu sein? Das Problem liegt auf politischer Ebene. Abzustimmen, Volksvertreter zu wählen oder von Mitgliedern der eigenen ethnischen Gruppe regiert zu werden ist nicht das gleiche wie negative Freiheit. Sich freiwillig politischen Herren zu unterwerfen ist nicht dasselbe wie keinen Herren zu haben. Und Berlin hat Recht, die durch den Nationalismus vorgenommene Gleichsetzung dieser beiden Vorstellungen zu verurteilen. Aber der Wunsch, unser eigener Herr zu sein, darf uns nicht gleich zu persönlichen Fantasien oder kollektivistischen Ideologien verleiten. Es ist leicht zu zeigen, dass die positive Freiheit oft pervertiert wurde, und wenn das passiert, ist sie keine authentische Freiheit, sondern ein Anreiz für Einzelne, sich ethnischen Gruppen oder deren Anführern zu unterwerfen. Aber zu behaupten, das Recht, am politischen Leben teilzunehmen, und der Umstand, ein aktiver Bürger zu sein, seien allenfalls Statuten und Bedingungen der Freiheit und nicht die Freiheit selbst, hieße, die negative Freiheit auf einen psychischen Zustand zu reduzieren, der passiv und bar politischen Inhalts ist. Und schließlich – was soll der Ausdruck ›sein eigener Herr sein‹ bedeuten, wenn nicht das Recht zu wirksamem politischem Handeln?

Wie so häufig besitzt eine derartige analytische Philosophie keinen Sinn für Geschichte, noch hat sie ein Gefühl für den gesellschaftlichen Kontext von Ideen. Das macht sie für das politische Denken untauglich. Möchte man auf etwas Handhabbares stoßen, muss man sich den Schriftstellern zuwenden, die Berlin mit ausgesprochener Bewunderung zitiert: Benjamin Constant und Alexis de Tocqueville. Sie stellen die besten Verfechter dessen dar, was ich als Liberalismus der Furcht bezeichnen würde; zwischen ihnen bestehen jedoch gewisse Unterschiede. Beide verteidigen einen aristokratischen Freiheitsbegriff, denn sie befürchten, dass die demokratischen Kräfte den für das Privatleben nötigen Raum zerstören könnten. Constant aber denkt dabei an die Jakobiner, während Tocqueville sich über die demokratische Kultur selbst beunruhigt zeigt. Nur wenige Amerikaner haben sich mit den Auffassungen Constants anfreunden können, weil er nichts über den richtigen Gebrauch des Privatlebens sagt. Wer möchte schon ein freier Mann sein wie der Neurotiker Adolphe aus der gleichnamigen Erzählung? Tocqueville hingegen hat bei selbstkritisch eingestellten Amerikanern stets eine wichtige Rolle gespielt, vor allem bei konservativen Intellektuellen. Dies unter anderem deshalb, weil er sehr deutlich aufzeigte, was sich in freiwilligen Assoziationen vollbringen lässt, auch wenn er sich über den Mangel an großen Genies beklagte und dem egalitären Geist misstraute, der in den Vereinigten Staaten jegliche Individualität erstickte. Ich möchte hier jedoch einschieben, dass er zahlreiche Aspekte der amerikanischen

Kultur nicht wahrnahm, insbesondere die Bedeutung der Innerlichkeit bei den Protestanten. Und deshalb müssen wir wiederum die Idee einer demokratischen Kultur in Frage stellen. Freilich existieren demokratische Sitten, aber eine ganze Kultur in einem anthropologischen Sinne? Das bezweifle ich. Es ist völlig klar, dass es sich politisch gesehen bei dem, was Tocquevilles Misstrauen hervorrief, um eine milde, aber repressive Regierung handelte, die vielleicht sogar militaristische Züge aufwies. Kurioserweise befürchteten auch die seinerzeit radikalsten amerikanischen Demokraten eine allzu aktive und mit zu weitreichenden Befugnissen ausgestattete Regierung, aber nicht aus denselben Gründen wie Tocqueville.

Tocqueville hielt sich in den Vereinigten Staaten zu Beginn einer Epoche auf, die auf ideologischer und literarischer Ebene die kreativste unsere Geschichte war. Diese Phase hat man das ›Zeitalter Jacksons‹ genannt, eine Zeit, in der die demokratischen Ideen geboren wurden, die auch heute noch lebendig und populär sind. Und in diesen fünfzehn dem Bürgerkrieg vorangehenden Jahren hat sich auch der Abolitionismus entwickelt und mit ihm eine Doktrin der Gerechtigkeit, die in der Wendung vom ›gleichen Schutz durch das Gesetz‹ Ausdruck findet, das heißt in der Forderung, dass die Gesetze für alle gleich gelten, eine Formulierung, die in dem berühmten vierzehnten Verfassungszusatz anzutreffen ist und die bis heute das Fundament der Bürgerrechte darstellt;[1] sie bedeutet soviel wie gleiche Freiheit für alle Bürger. Demokraten und Abolitionisten haben jeweils auf ihre Weise einen Liberalismus der Rechte geformt, der weder positiv noch negativ ist, sondern eine Kombination von beidem darstellt. Diesen Liberalismus beabsichtige ich hier näher zu betrachten; es geht mir nicht um die These von Isaiah Berlin oder darum, sie einer weiteren Kritik zu unterziehen. Im Gegenteil, ich werde die ihr eigenen Unterscheidungen verwenden, um den ständigen Kampf für die Freiheit in den Vereinigten Staaten zu beleuchten. Wenn ich im übrigen behaupte, dass diesen Unterscheidungen in einem historischen Kontext, der von dem Berlins völlig verschieden ist, eine andere Bedeutung zukommt, dann weniger um seinen Ideen zu widersprechen, als sie in einem Abstand von dreißig Jahren neu zu denken. Ich möchte nämlich nicht in Abrede stellen, dass in den Vereinigten Staaten diese beiden Freiheiten existieren, sondern lediglich sagen, dass sie hier sehr eng miteinander verwoben sind.

Die negative Freiheit war tief in der Mentalität der jacksonianischen Demokraten verankert, einer Geisteshaltung, die zu jener Zeit entstand, als sich Tocqueville in Amerika aufhielt. Tag und Nacht beteten sie herunter, dass die ›beste Regierung diejenige ist, die am wenigsten regiert‹ und nichts kostet. Sie sagen es noch immer. Wovor hatten Sie Angst? Sicherlich nicht vor einer absoluten Monarchie oder einer Militärdiktatur im Stile Napoleons. Ihre große Befürchtung war, dass die Reichen ihnen die politischen Rechte wegnehmen und ihr Geld dazu verwenden würden, die gewählten Volksvertreter und andere Funktionäre zu kaufen und eine geschützte und nicht abwählbare Elite zu bilden. Sie wollten weniger Regierung, weniger Korruption und vor allem keine Entwendung der Bürgerrechte. Das ist augenscheinlich eine natürliche Reaktion in einer Republik mit politischen Institutionen, die der Gleichheit verpflichtet sind, und einer Zivilgesellschaft, die sich durch Ungleichheit auszeichnet. Die ungleiche Vermögensverteilung wurde als gerecht und naturgegeben von der Mehrheit der Bevölkerung hingenommen, während zugleich die Forderung bestand, jeder Bürger solle die gleichen politischen Rechte genießen und von der Regierung gleich behandelt werden.

Die politische Besorgnis der Demokraten wurde unter anderem noch von dem Misstrauen geschürt, das sie Europa im Allgemeinen und dem, was sie als Aristokratie bezeichneten, im Besonderem entgegenbrachten. Diese Angst hatte auch in den politischen Gegebenheiten jener Zeit ihre Wurzeln. Das Europa Metternichs war von Amerika unendlich weit entfernt. Die Vereinigten Staaten waren die einzige demokratische Republik und ihre Bürger fühlten sich sehr isoliert. Sie wussten auch um das Misstrauen, das die Europäer ihnen gegenüber hegten, und sie zahlten es ihnen hundertfach heim. So schrieb der junge Walt Whitman, als er noch Journalist in Brooklyn war:

Die alten, mottenzerfressenen Systeme Europas haben ihre besten Tage hinter sich und der heranrückende Abend ihrer Existenz kündet von einer ruhmreichen Morgenröte für die niedergehaltenen Völker. Hier haben wir das Banner der Freiheit gepflanzt und hier werden wir die Fähigkeit des Menschengeschlechts unter Beweis stellen, sich selbst zu regieren.

Alle Spuren des Feudalismus würden zerstört werden.

Wie stellte sich ein Demokrat wie Whitman den Feudalismus in Europa vor? Sicherlich nicht so, wie es uns Marc Bloch nahegebracht hat.

Und weshalb hatte er soviel Angst davor? Immerhin gab es keine erblichen politischen Privilegien und Adelstitel waren qua Verfassung verboten. Whitman hielt den Feudalismus für ein auf Eigentum und politischer Macht beruhendes Monopolsystem. Thomas Paine und den anderen demokratischen Schriftstellern zufolge hatten die Barbarenkönige nach ihrer Eroberung Europas alle Lande unter ihren kriegerischen Horden aufgeteilt, mit deren Hilfe sie ohne Recht und Gesetz regierten. Dieser Adelsstand bediente sich seines Besitzmonopols, um die politische Macht an sich zu reißen. Zudem stand ihm in diesem Komplott gegen das Volk die Kirche zur Seite, die ebenso monopolistisch ausgerichtet war wie der Adel selbst. Eine Gefahr wie diese war keineswegs gebannt. Die Frage, »ob das Volk oder das Eigentum regierte, war noch immer offen«, wie es ein Senator unter Jackson formulierte.

Das beste Rezept gegen eine solcherart aufgefasste Aristokratie war die negative Freiheit: kein Eingreifen der Regierung in das wirtschaftliche und religiöse Leben der Bürger und keine Behinderung ihrer Freiheit, das zu tun, was sie wollten. Denn jede politische Macht gefährdete ihre Rechte. Beispielsweise können Steuern stets dazu herangezogen werden, die Streikräfte zu verstärken, die dann Handwerkern und Bauern ihre Rechte entziehen und die Regierung in die Hände der Reichen und Müßigen legen könnten, die, wie die von ihnen insgeheim bewunderten Europäer, ehrbare Arbeit verachteten. Sie würden die kleinen Leute unterdrücken. Und die Angst vor der Sklaverei kroch überall wieder hervor, wie sich an der Sprache ablesen lässt. Überall hörte man den Ausruf: ›Man wird uns zu Sklaven machen!‹ Das war bereits die Anschuldigung, die man während der Revolution gegen die Engländer vorgebracht hatte. Das Wort Sklaverei hat in den Vereinigten Staaten einen sehr genau umrissenen Sinn. Man weiß, wovon man spricht und wovor man eine solche Furcht hat. Es handelt sich um keine leere Metapher. Ohne Regierung wird niemand unterdrückt. Sklaverei ist Zwangsarbeit per Gesetzeskraft.

Dennoch kam einer auf ein Minimum reduzierten demokratischen Regierung zumindest eine Aufgabe zu: die Menschenrechte zu wahren. Und der Präsident, der einzige, der von der Mehrheit des gesamten Volks gewählt wurde, konnte als deren Tribun fungieren. Seine Pflicht bestand darin, das Volk gegen eine Armee reicher, hinterlistiger und aristokratischer Raubtiere zu schützen. Damals hatte man sehr wenig Vertrauen in die Gerichte, die von eher undemokratischen Interessen dominiert und deren wohlerworbene Rechte allzu gut geschützt waren. Nur der Präsident, ein Held des Britisch-Amerikanischen Kriegs von 1812, konnte die Rechte des Volks verteidigen, indem er die Befugnisse der Regierung so weit wie möglich einschränkte. Wie man sieht, sind diese Ideen alles andere als kohärent, aber sie haben zur Bildung einer äußerst dauerhaften Mentalität geführt. Das vernunftwidrige Vertrauen in eine negative und defensive Macht hat im zwanzigsten Jahrhundert die Präsidenten Roosevelt und sogar Ronald Reagan ins Amt gebracht. All dies zusammengefasst: Demokratische negative Freiheit meint eine äußerst eingeschränkte Regierung, die jedoch über genügend Macht verfügt, um die Rechte des Volks gegen seine zahlreichen Feinde zu verteidigen.

Und was fing der Bürger mit dieser Ideologie der natürlichen Rechte an? Er wählte, er ging zu politischen Versammlungen, wo er unermüdlichen Rednern zuhörte, und vor allem wusste er, dass er kein Sklave war. Er hasste die Schwarzen und er hatte Angst, auf einen sozialen Status herabgewürdigt zu werden, der ihn nur wenig über den eines Sklaven erhoben hätte. Ihm war sehr wohl bewusst, was die Sklaverei bedeutete und obwohl sie per Gesetz auf Schwarze beschränkt war, fürchtete er sie.

Der Sklave besitzt keinerlei Rechte und sollte er, ein weißer Handwerker, über weniger Rechte als die Aristokraten verfügen, befände er sich gewissermaßen näher an der Sklaverei als an der Freiheit. Das war ein Grund mehr für die negative Freiheit und für eine eingeschränkte Regierung, die keine Mittel zur Hand hat, ihn auf das zu reduzieren, was man nach dem Bürgerkrieg eine Staatsbürgerschaft zweiter Klasse nennen würde, den politischen Status der Schwarzen. Nicht höher zu stehen als die ›niggers‹, das war die große Furcht. »Das einzige, auf das sich die arbeitende Klasse verlassen kann [...] ist das große Prinzip gleich verteilter Rechte.« Ohne ein solches »sind wir weiße Sklaven«, sagten die ersten amerikanischen Gewerkschafter. Unaufhörlich wurde dieses Gefühl geäußert. Das genau ist der Alptraum der radikalen Demokraten.

Diese demokratische Ideologie war in einigen Hinsichten nicht weit entfernt von den öffentlichen Überzeugungen der Plantagenbesitzer des Südens, der großen Sklavenhalter. Das mag seltsam erscheinen, denn mit ihrer ländlichen Mentalität, ihrer Neigung zu Duellen und ihrem Faible für die Romane Sir Walter Scotts machten die Plantagenbesitzer den Eindruck, als ähnelten sie dem alten europäischen Adel; häufig hat man sie bezichtigt,

Aristokraten zu sein. Doch das war ein Trug-
bild. Die Baumwollplantagen waren kommer-
zielle Betriebe, ihre Ländereien waren Güter
wie alle anderen und auch die altüberlieferten
Ideologien des europäischen Adels teilten sie
nicht. Im Grunde genommen waren sie die an-
tieuropäischsten Amerikaner. Und sie pflegten
eine Leidenschaft für ihre Rechte und den
republikanischen Geist, die jene der Demokraten des Nordens an Heftigkeit noch übertraf.
Von Edmund Burke bis zu den Abolitionisten
wurde dies immer wieder beobachtet und auch
sehr wohl verstanden. Für die Sklavenhalter,
die jeden Tag sahen, was das absolute Fehlen
von Freiheit bedeutete, stellte die Freiheit das
kostbarste Attribut dar. Frei zu sein, war der
Kern ihrer Identität. »Diese Leidenschaft für
persönliche Freiheit brannte nirgends erbitterter als in den Herzen einer Aristokratie, die zu
ihrem Besitz erzogen wurde und gelernt hatte,
ihren Wert zu schätzen, indem sie unablässig
den furchtbaren Kontrast der Knechtschaft vor
Augen sah«, schrieb Richard Hildreth, einer
der klügsten Abolitionisten.[2] Kein Sklave zu
sein war für sie von unschätzbarer Wichtigkeit.
Die geringste Schmälerung dessen, was sie als
ihre genuinen Rechte erachteten, erschien
ihnen sofort als Versuch, sie zu unterwerfen.
Ihre ganze Rhetorik und all ihre Debatten –

über Steuern, Gebührensätze oder, was alles andere überwog, über ihre natürlichen und verfassungsgemäßen Rechte in puncto Sklavenhaltung – waren von der Angst geprägt, selbst in den Stand der Sklaverei herabgewürdigt zu werden. Kein Mensch liebte die negative Freiheit mehr und keiner sprach häufiger über die natürlichen und bürgerlichen Rechte als diese Sklavenhalter. Sie wollten weniger Regierung und mehr Freiheit für die Herren, vor allem die Freiheit, alles mit ihren Sklaven tun zu können, was sie wollten. Sie waren ihre eigenen Herren durch und durch und sie fühlten sich frei. Sie genossen negative Freiheit.

Es stimmt, dass die Sklavenhalter der Südstaaten weniger persönliche Freiheiten hatten als die Bürger der Nordstaaten. Sie waren im Falle eines Sklavenaufstands zum Dienst in paramilitärischen Gruppen verpflichtet. Sie mussten ihre Sklaven überwachen und waren verantwortlich für deren Verhalten. Und da sie die abolitionistische Propaganda fürchteten, war ihr Recht, frei zu sprechen und zu lesen äußerst eingeschränkt. Das kulturelle Leben stagnierte. Die Einwanderer aus Europa mochten sich nicht in den Südstaaten niederlassen. Obwohl die Sklaverei auf die Schwarzen beschränkt war, war diese Einrichtung nicht dazu angetan, das Vertrauen der irischen Bauern

zu wecken. Sie siedelten sich alle in den großen
Städten des Nordens an. Wie die Yankee-
Handwerker hassten auch sie die Sklaven mehr
als die Sklaverei. Das war eher ihrem ausge-
prägten Rassismus geschuldet als der Angst,
die freigelassenen Sklaven könnten die Löhne
der weißen Arbeiter drücken. Auch für sie bedeutete frei zu sein, kein Sklave zu sein. Auf
diese Weise trafen und verbanden sich die
Ideologie der Herren in den Südstaaten und
die der Demokraten in den Nordstaaten.

Wie kann man jemandem, der eine so große
Freiheit genießt wie ein Sklavenhalter, sagen, er
sei nicht wirklich frei? Was er genießt, ist meines Erachtens die vollkommene negative Freiheit. Die Sklavenhalter fühlten sich frei und
hatten genug Macht, um völlig ungehindert zu
handeln. Dies vor Augen, wandten sich Liberale einer anderen Auffassung von Rechten zu,
die eher einem Naturzustand à la Hobbes angemessen war als einer modernen Republik, in
der sogar die Herren stets von Bürgerrechten
sprachen. Man begann sich mit Lösungen
zu befassen, die politischer, legalistischer und
realistischer waren als die Deportation der
Schwarzen in die Antillen oder nach Afrika. In
übermäßigem Vertrauen auf den Geist der
Verfassung hofften die politischen Abolitionisten bis zur letzten Minute, dass die Gerichte

Fall um Fall die Sklaverei abschaffen würden. Denn sie waren der Ort, wo man die in der Verfassung festgeschriebenen Rechte einfordern musste. Doch dieser Plan scheiterte. Der Oberste Gerichtshof erklärte, dass die Schwarzen niemals Bürger der Vereinigten Staaten werden könnten und dass sie über keine Rechte verfügten, die ein Weißer respektieren müsse. Drei Jahre darauf begann der Bürgerkrieg.

Die Moral dieser Geschichte ist nicht fatalistisch. Hundert Jahre später haben die Ideologie des Naturrechts und der Unabhängigkeitsgeist der Herren sehr wohl der Sache gedient, die die Nachfahren ihrer ehemaligen Sklaven vertraten. Auch wenn man in den Vereinigten Staaten noch an die natürlichen Rechte glaubt, weiß man doch sehr gut, dass sie trotz der Unabhängigkeitserklärung nicht selbstverständlich sind. Es handelt sich um verfassungsmäßige Rechte und die Gerichte entscheiden darüber, was sie in der Praxis bedeuten. Heute ist man von der uneingeschränkten negativen Freiheit der Sklavenhalter weit entfernt. Der ›gleiche Schutz durch das Gesetz‹ darf dennoch nicht verstanden werden als eine Forderung nach Gleichheit, die die negative Freiheit einschränkt, sondern als politische und gesetzliche Verwirklichung der Idee des natürlichen Rechts. Insofern Schwarze Menschen sind, haben sie Rechte, und die negative Freiheit der Herren ist nicht länger ein Monopol.

Um dahin zu gelangen, muss man jedoch einige Elemente der positiven Freiheit in die Idee der Menschenrechte einführen. Der erste Schritt in diese Richtung wurde von den Abolitionisten unternommen, die meistenteils radikale Protestanten waren. Mag sein, dass dies in Europa schwer zu verstehen ist. Vergegenwärtigen wir uns, dass die Sklavenhaltung in den Vereinigten Staaten eine der härtesten war, die es je gab; nur das antike Griechenland kannte ein ähnliches System. Die Freilassung war von Gesetzes wegen verboten und die freien Staaten waren verpflichtet, flüchtige Sklaven ihren Besitzern in den Südstaaten auszuliefern. Auf diese Weise waren alle Bürger in die Sklaverei verwickelt, was das Gewissen einer abolitionistisch gesonnenen Minderheit belastete. Obwohl im Übrigen auch die Europäer im achtzehnten und neunzehnten Jahrhundert Sklaven besaßen, lebten sie jedoch nicht unter ihnen. Sie waren weit weg und gut verborgen in Übersee. Allein die Amerikaner verfügten über geknechtete Arbeitskräfte bei sich zu Hause. Unter diesen Umständen war die Sklaverei in einer verfassungsmäßigen Demokratie nicht nur eine Anomalie, sondern auch ein Affront für die moderne aufgeklärte Weltanschauung, ganz gleich wo sie zu Hause war, und die Amerikaner waren sich dessen bewusst. Doch die bedeutendste Rolle spielte das Erwachen des religiösen Bewusstseins. Der bekannteste Abolitionist, William Lloyd Garrison, lag mit allen Kirchen Bostons im Hader, weil sie zu wenig Eifer erkennen ließen. Er war sich selbst eine Kirche, die Verkörperung des protestantischen Prinzips. In seinen Augen war die Sklaverei ein Pakt mit dem Teufel und ein Kontrakt mit dem reinen und absoluten Bösen. Der Mehrheitswille, die positiven Gesetze, stellten für ihn keinen Wert dar. Er kannte den Willen Gottes und er wusste, was seine Pflicht war. Er wurde ›der große Befreier‹ genannt und auf dem Sockel seiner Statue im Central Park von Boston sind seine Worte eingemeißelt: »Es ist mir ernst. Ich gebrauche keine Ausflüchte. Ich weiche keinen Fußbreit zurück. Aber ich werde gehört!« Er war der Überzeugung, dass es unmöglich ist, sich frei zu fühlen, wenn man von der Regierung dazu gezwungen wird, sich mit dem moralisch Bösen zu verbünden. Mit der Abschaffung der Sklaverei würde er sich selbst einer unerträglichen Sünde entledigen. Zudem wollte er nicht durch den Staat genötigt werden, dabei zu helfen, seinesgleichen zu unterdrücken. Wie kann man einem solchen Mann, der sich nicht frei fühlt, sagen, er sei frei? Offenbar wollte er beide Freiheiten, die negative und die positive, zugleich. Für ihn waren sie nicht zu trennen. Aber das hatte keine bedrohlichen Auswirkungen. Im Gegenteil, es brachte die Bürger, die so viel über Rechte sprachen, dazu, sie ernst zu nehmen. Genau deshalb ist die amerikanische Sklaverei ein einzigartiges Phänomen.

Die Vorstellung von einer Unterwerfung des Geistes unter seine niedrigsten Neigungen ist Hegel zufolge eine Verinnerlichung der einstigen Beziehung zwischen Herr und Knecht und ich glaube, er liegt damit richtig. Was sich aber in den Vereinigten Staaten vor dem Bürgerkrieg abspielte, war eine gegenläufige Bewegung. Das Gefühl der Unterwerfung unter die niedrigsten Triebe wurde ausgelagert und fand Resonanz in einer Sklaverei, die noch gesellschaftliche Realität war. Niederschläge dieser Denkweise finden sich nicht nur in der leidenschaftlichen Rhetorik Garrisons, sondern auch in den Reden Lincolns, der jedoch nicht vor abolitionistischem Eifer brannte. Auch er sprach von der Befreiung der Sklaven als einer moralischen Pflicht. Der Kampf gegen die Ungerechtigkeit der Sklaverei entspräche, so sagte er, dem Kampf zur Überwindung der Trunksucht. Bei beidem müsse man sich selbst bezwingen und er glaubte, der eine wie der andere sei nicht durch Gewalt sondern lediglich Stück für Stück zum Erfolg zu führen. Er musste, wie wir wissen, einsehen, dass er Unrecht hatte, und dies zu einem schrecklichen Preis.

Lincoln war tief religiös, Thoreau war es nicht. Dennoch ähnelte seine Sprache der Lincolns. Zum Beispiel sprach er von der Arbeitsteilung als von einer Sklaverei, die wir uns selbst auferlegten und verwendete dabei die gleichen Begriffe. Es war schrecklich genug, einen Aufseher aus dem Süden zu haben, schlimmer noch, wenn er aus dem Norden kam, und am schlimmsten war es, sein eigener Aufseher zu sein und sich selbst unnötigen Arbeiten zu unterjochen. Dies ist die Verinnerlichung von einst. Aber Thoreau kommt sofort auf die eigentliche soziale Sklaverei zu sprechen. Eine Regierung, die die Schwarzen unterjocht, kann die seine nicht sein, denn er war doch zu gut für ein solches Regime. Niemand hatte das Recht, ihn zum Bösen zu zwingen und zur Unterjochung anderer Menschen beizutragen. Wie kann man sich für frei halten, wenn man weiß, dass die eigenen Steuern dazu verwendet werden, die Schwarzen zu unterjochen? Sich zu weigern, Steuern zu zahlen war eine Bekräftigung beider Freiheiten zugleich.

Und obendrein war das die liberale positive Freiheit.

Negative und positive Freiheit stehen trotz unserer zeitgenössischen Ängste nicht notwendigerweise in Konflikt. Zwar mag es gute Gründe geben, die Freiheit von den Bedingungen zu trennen, unter denen sie gedeiht, doch meines Erachtens stellt die negative Freiheit wiederum nur eine Bedingung für viel aktivere und ausgedehntere Freiheiten dar. Die Möglichkeit, ungehindert handeln zu können, und die Existenz ›offener Türen‹ können als einfache Voraussetzung zur Einforderung der Rechte und der positiven Freiheit angesehen werden, wie sie Garrison und Thoreau und die anderen Abolitionisten beanspruchten. Für die Vereinigten Staaten ist es in der Tat ein Problem, dass weder die Befreiung der Sklaven noch die Einforderung ihrer Rechte durch einen demokratischen Prozess erreicht worden sind. Die Sklavenbefreiung war zu keinem Moment populär, sie ist eine Folge des Bürgerkriegs gewesen und es waren die Gerichte, die die legale Rassendiskriminierung nach dem Ende des Zweiten Weltkriegs abgeschafft haben. Der Wille der Mehrheit hat sich stets dagegen gewehrt.

Nach dem Bürgerkrieg haben drei Verfassungszusätze und eine Reihe von Bundesgesetzen den befreiten Sklaven alle juristischen

Rechte garantiert. Dies war das Werk einer Minderheit von Republikanern aus den Nordstaaten, doch es hatte nur kurz Bestand. Zehn Jahre später wollte die Nation den Bürgerkrieg und die Schwarzen und ihre Probleme nur noch vergessen. Sie wurden auf einen gesellschaftlichen Stand zurückgeworfen, der dem der Südstaatensklaverei nur wenig überlegen war, und mit dem Rassenhass im Norden konfrontiert. Die Gerichte schützten ihre Rechte nicht. Die Segregation, das heißt, ein »getrenntes aber gleiches« Leben, wurde vom Obersten Gerichtshof abgesegnet. Die Gesetze, die ursprünglich in der Absicht verfasst worden waren, die Rechte der befreiten Sklaven zu schützen, wurden von den Gerichten ausschließlich dazu benutzt, wirtschaftliche Laxheit gegen Versuche der Regierung in Schutz zu nehmen, Arbeitsbedingungen und Handelsbestimmungen zu reglementieren. In der Geschichte der Vereinigten Staaten gibt es Momente, deren Ironie ihresgleichen sucht.

Die Ära der negativen Freiheit für Privatunternehmen fand mit dem *New Deal* ein Ende. Doch erst zehn Jahre nach Ende des Zweiten Weltkriegs begann man zur Einforderung der Rechte ethnischer Minderheiten die Gerichte anzurufen und endlich die Gesetze und Doktrinen durchzusetzen, die schon ein

Jahrhundert lang wirkungslos existiert hatten. Das erste Recht, das wieder eingesetzt wurde und das alle anderen nach sich zog, war das Recht, Gerichte auffordern zu können, die Klagen der schwarzen Bürger anzuhören und sich ernsthaft mit den Rechten der Minderheiten zu beschäftigten. Das ist die ›offene Tür‹, ohne die nichts möglich gewesen wäre. Doch das weist bereits darauf hin, dass Freiheit nicht meinen kann, dass die öffentlichen Organe untätig bleiben, sondern dass sie handeln, um Minderheiten zu schützen und das gesamte Volk zu unterweisen. Dies war es auch, was man im Grunde von ihnen erwartet hatte. Negative Freiheit bedeutet keine passive Regierung. Sie erfordert einen politischen Willen, der tatsächlich eine Manifestation der positiven Freiheit darstellt.

Die von der Verfassung und der *Bill of Rights* garantierten Rechte haben zwei Funktionen. Die erste und die wichtigste für Jefferson und seine liberalen Erben ist das Recht der Bürger, sich gegen die Regierung aufzulehnen, die stets im Verdacht steht, tyrannische Ambitionen zu hegen. Wenn man der Regierung untersagt, jegliches Gesetz zu erlassen, das eine Glaubenslehre einführt, die Religionsfreiheit behindert oder die Pressefreiheit einschränkt, räumt man den Individuen die Möglichkeit ein, sich gegen die staatlichen Eingriffe in ihr Privatleben zu wehren. Aber es gibt auch erklärte Rechte, die erfordern, dass die Regierung etwas unternimmt. Die Mehrzahl der verfassungsmäßigen Rechte schützt die Menschen, die eines Verbrechens angeklagt sind, und in diesen Fällen muss die Regierung tätig werden. Sie muss beispielsweise die ›Geschworenen‹ einberufen. Als der ›gleiche Schutz durch das Gesetz‹ für Minderheiten eingefordert wurde, dachte man an ein Recht dieser Art. Man verlangte, dass die Regierung tätig werde, dass sie die offizielle Segregation und die Rassendiskriminierung allgemein ächte.

Wie bereits erwähnt, verfügen die Gerichte in den Vereinigten Staaten über eine außerordentliche Macht. Ihre Beschlüsse werden durch die Exekutive in Kraft gesetzt. Über kurz oder lang fügt man sich ihnen, oft ohne große Begeisterung. Dennoch kommt es vor, dass gerichtliche Beschlüsse bis zu zehn Jahre lang keine spürbare Auswirkung haben. Zwanzig Jahre, nachdem die Rassentrennung in den Schulen für illegal erklärt wurde, bot die Mehrzahl der Schulen noch keinen integrierten Unterricht an.

Trotzdem haben sich viele Dinge gewandelt. Wie die *Bill of Rights* wurden auch die Beschlüsse des Obersten Gerichtshofs nicht nur als Präzedenzurteile akzeptiert, sondern auch als Lektionen zur bürgerlichen Unterweisung, als eine politische Erziehung, die die Diskussionen und Debatten auf einem höheren Niveau als dem des politischen Alltagsgeredes ansiedelt. Sie funktionieren ein bisschen so wie die Gesetzespräambeln in den *Nomoi* Platons.

Selbst wer mit den Beschlüssen des Obersten Gerichtshofs grundsätzlich nicht einverstanden ist, lernt aus den Debatten, an denen er teilhat. Es war also eine Mischung aus Zwang und Unterweisung, die nach und nach die Rechte und die Würde der Bürger festigte, die der Schwarzen eingeschlossen.

Für einen außenstehenden Beobachter mag es so aussehen, als ob der Konflikt zwischen den einstigen Herren und ihren ehemaligen Sklaven ein Konflikt zwischen zwei negativen Freiheiten gewesen ist. Mit einem Untergebenen, dem er misstraut und den er als ein Eigentum betrachtet, der ihm weggenommen worden ist, möchte der eine tun, was ihm gefällt. Der andere möchte ohne Ansehen der Person die Freiheit haben zu tun, was alle anderen Bürger tun können. Aber handelt es sich wirklich um eine Frage von zwei negativen Freiheiten, das heißt von Möglichkeiten, ungehindert zu handeln, wie im Naturzustand zu tun was man möchte? Ich glaube, dass die gesellschaftlichen Konflikte nicht mit derartigen Begriffen verstanden werden können. Herrschaft, Eigentum, Sklaverei, Rassentrennung, Diskriminierung, Rasseneinteilung und Staatsbürgerschaft sind juristische Statuten, die durch das Gesetz definiert und durch die öffentliche Gewalt geschützt werden. Sie ziehen positives Recht nach sich – oder dessen Abwesenheit.

Der wahre Konflikt besteht also zwischen den Rechten untereinander und in der Wahl, wie man entscheidet, welche Rechte die Beamten stärken und welche sie zurückweisen müssen. Eine Wahl muss getroffen werden, aber nicht zwischen zwei negativen Freiheiten oder zwischen der negativen und der positiven Freiheit. Die Gerichte müssen zwischen zwei Rechten eine Wahl treffen, von denen jedes seine eigenen politischen Zwänge besitzt. Und in dem Moment, in dem eingeräumt wird, dass die Schwarzen genauso Bürger sind wie alle anderen, ist die Entscheidung gefällt. Dies umso mehr, als beide Parteien noch unverbrüchlich an das Naturrecht glauben, ungeachtet dessen, was skeptische Intellektuelle dagegen anführen mögen.

Doch die Verhaltensänderungen, die solche Beschlüsse verlangen und über lange Zeit verlangen werden, bedeuten, dass das Recht, seine

Rechte geltend machen zu können, das wichtigste Recht vor allen anderen darstellt. Wenn alle Freiheiten positives Recht sind, stellt das Recht, für seine eigenen Rechte und für andere besondere Rechte einzutreten, die wichtigste Freiheit von allen dar. Das ist ein niemals endender Prozess.

Wurden die einstigen Herren ›gezwungen‹, frei zu sein? Sicherlich nicht in jenem unheilvollen Sinne Rousseaus. Jede Reform, welcher Art sie auch sei, wird dem einen oder anderen neue Zwänge auferlegen. Aber den Rassisten und Segregationisten wurde niemals gesagt, dass man sie befreit habe, als man sie zwang, die Freiheit und die Rechte der anderen Bürger zu respektieren. In dem Maße, in dem man ihr Gewissen aufrütteln und ihr Bewusstsein für die Rechte der anderen schärfen konnte, hat man womöglich ihre positive Freiheit vergrößert. Wesentlich dabei ist, dass die einstigen Herren selbst den Prozess akzeptierten, durch den sich die verfassungsmäßigen Rechte herausschälten. Als man ihre effektiven Rechte beschnitt, war die einzige Verteidigung, die sie zu ihrer Sicherung aufbieten konnten, die lokalen Gebräuche – eine Ausflucht, die die Verfassung seit den nach dem Bürgerkrieg hinzugekommenen Zusätzen nicht mehr anerkannte.

In den Vereinigten Staaten bietet die gerichtlich festgeschriebene Freiheit den Bürgern die Möglichkeit, ihre politischen Rechte vor den Gerichten geltend zu machen und sie verlangt von ihnen sogar, dass sie dies tun. Denn es ist das Merkmal eines guten liberalen Bürgers, für seine Rechte einzutreten, die niemals weitreichend genug sein und niemals zur Genüge respektiert werden können. In dieser Ideologie und in dieser politischen Praxis stehen die negative und die positive Freiheit nicht in Konflikt miteinander, sondern unterstützen sich gegenseitig.

Literaturhinweise

John Ashford, *Agrarians and ›Aristocrats‹*, Cambridge 1983

Isaiah Berlin, *Freiheit. Vier Versuche*, Frankfurt am Main 2006

Joseph Blau (Hg.), *Social Theories of Jacksonian Democracy*, New York 1954

Edmund Burke, »Speech on Conciliation with America«, in: W. M. Elofson und John A. Woods (Hg.), *The Writings and Speeches of Edmund Burke*, Band 3, *Party, Parliament, and the American War, 1774–1780*, Oxford 1996, S. 102–169

D. L. Dumond, *Antislavery. The Crusade for Freedom in America*, New York 1961

Robert Fogel, *Without Consent or Contract. The Rise and Fall of American Slavery*, New York 1989

Eric Foner, *Reconstruction*, New York 1988

George M. Fredrickson, *The Inner Civil War*, New York 1968

Richard Hildreth, *Despotism in America* [1840], New York 1971

Abraham Lincoln, *Speeches and Writings*, New York 1989

Robert G. McCloskey, *The American Supreme Court*, Chicago 1960

Eric L. McKittrick (Hg.), *Slavery Defended*, Englewood Cliffs, N.J 1965

James M. McPherson, *Für die Freiheit sterben. Die Geschichte des Amerikanischen Bürgerkrieges*, München/Leipzig ²1995

Gunnar Myrdal, *An American Dilemma*, New York 1944

Arnold M. Paul (Hg.), *Black Americans and the Supreme Court Since Emancipation*, New York 1972

Timothy Smith, *Revivalism and Social Reform*, New York 1957

Henry Thoreau, *Walden oder Leben in den Wäldern*, Zürich 1979

Walt Whitman, *The Gathering of the Forces*, New York 1920

Anmerkungen

Hannes Bajohr: Judith Shklars Liberalismen

1 Vgl. zur Biografie: Hannes Bajohr, »Judith N.
   Shklar (1928–1992). Eine werkbiografische Skizze«,
   in: Judith N. Shklar, *Ganz normale Laster*, Berlin
   2014, S. 277–319, sowie Andreas Hess, *The Political
   Theory of Judith N. Shklar. Exile from Exile*, Ba-
   singstoke 2014.

2 Judith N. Shklar, *After Utopia. The Decline of Political Faith*, Princeton 1957; dies., *Men and Citizens.
   A Study of Rousseau's Social Theory*, Cambridge
   1969, ²1985; dies., *Freedom and Independence. A
   Study of the Political Ideas of Hegel's ›Phenomeno-
   logy of Mind‹*, New York 1972; dies., *Legalism. Law,
   Morals, and Political Trials*, Cambridge 1964,
   ²1986.

3 Der Großteil ihrer der amerikanischen politischen
   Theorie gewidmeten Essays findet sich in Judith N.
   Shklar, *Redeeming American Political Thought*,
   Chicago 1998.

4 Judith N. Shklar, »Redeeming American Political
   Theory«, in: ebd., S. 91–108. Für eine gute Einführung in die amerikanische Politik- und Sozial-
   theorie im Allgemeinen und die Rolle Shklars
   darin im Besonderen, siehe Andreas Hess, *Gesell-*

schaftspolitisches Denken in den USA, Wiesbaden 2013.

5   Judith N. Shklar, »Der Liberalismus der Furcht«, in: dies., *Der Liberalismus der Furcht*, Berlin 2013, S. 26–66.

6   Ebd., S. 43.

7   Siehe den Merkmalskatalog bei Nicolas Tavaglione, »Le libéralisme de la prudence. Contribution à un minimalisme politique«, in: *Les ateliers de l'éthique* 8,1 (2013), S. 47–69, hier 49–51. Zum Begriff des politischen Realismus siehe Katrina Forrester, »Judith Shklar, Bernard Williams and Political Realism«, in: *European Journal of Political Theory* 11,3 (2012), S. 247–272 und Andrew Sabl, »History and Reality. Idealist Pathologies and ›Harvard School‹ Remedies«, in: Jonathan Floyd, Marc Stears (Hg.), *Political Philosophy versus History? Contextualism and Real Politics in Contemporary Political Thought*, Cambridge 2011, S. 151–176.

8   Shklar, »Liberalismus der Furcht« (Anm. 5), S. 39; Hannes Bajohr, »»Am Leben zu sein heißt Furcht zu haben.‹ Judith Shklars negative Anthropologie des Liberalismus«, in: ebd., S. 131–167; siehe auch ders., Burkhard Liebsch, »Geschichte, Negativismus und Skepsis als Herausforderungen politischer Theorie: Judith N. Shklar«, in: *Deutsche Zeitschrift für Philosophie* 62,4 (2014), S. 633–659.

9   In der Tat geht Judith Shklar Grundlagendiskussionen systematisch aus dem Weg, was die Notwendigkeit ihrer Rekonstruktion nahelegt. Katrina Forrester hat vorgeschlagen, Shklar'sche Rechte, die dezidiert ohne Letztbegründung auskommen, am besten als »nützliche Fiktionen« zu betrachten, die angesichts ganz realer Grausam-

keiten ihre rhetorische und mobilisierende Kraft entfalten, vgl. Forrester, »Judith Shklar« (Anm. 7), S. 266. Freilich müssen Rechte so verstanden in der jeweiligen Rechtskultur eine traditionelle oder positive Verankerung haben, ganz gleich, wie sie zum Zeitpunkt ihrer ersten Niederlegung gerechtfertigt wurden. Demgegenüber spricht Burkhard Liebsch der Erfahrung der Grausamkeit schon selbst normative Kraft zu, vgl. Burkhard Liebsch, »Würdigung des Anderen. Bezeugung menschlicher Würde in interkultureller Perspektive – im Anschluss an Judith N. Shklar«, in: ders., *Renaissance des Menschen? Zum polemologisch-anthropologischen Diskurs der Gegenwart*, Velbrück 2010, S. 207–240.

10 Judith N. Shklar, *Ganz normale Laster*, Berlin 2014, S. 261.

11 Shklar, »Liberalismus der Furcht« (Anm. 5), S. 62.

12 Judith N. Shklar, *American Citizenship. The Quest for Inclusion*, Cambridge 1991, S. 1.

13 Judith N. Shklar, »Positive Freiheit und negative Freiheit in den Vereinigten Staaten«, in diesem Band, S. 149–185, hier S. 151.

14 Judith N. Shklar, »Thinking about Bonsai Trees«, in: *London Review of Books* 7,4 (1985), S. 12–13, hier S. 12. Dieser Aufsatz ist auch deshalb interessant, weil Shklar hier die Konsequenz aus der aktiven Inanspruchnahme von Rechten zieht und die Rede von Tier*rechten* für unsinnig erklärt, die man eher als moralische Ansprüche beschreiben müsse: »Die Schwierigkeit, sinnesbegabten Lebewesen, die per definitionem unfähig sind, gesellschaftliche Ansprüche gegen andere zu erheben, Rechte zuzuschreiben, besteht darin, dass sie Rechte zur bloßen Metapher werden lässt. Es gibt

moralische Ansprüche, die keine Rechte sind, während die Geltendmachung von Rechten historisch nur Sinn ergab als Forderung nach politischem Schutz, nach konstitutionellen Institutionen und vor allem nach Verfahren, die den Einzelnen gegen bestimmte Verstöße absichern, vor allem solche, die vom Staat ausgehen. […] Von Rechten zu sprechen, ohne sie an ihre notwendigen institutionellen Aufgaben und Verfahren zu binden, heißt sie all ihrer politischen Macht zu entledigen.« Ebd. Zum Thema der Grausamkeit an Tieren und der gegen sie erhobenen Einsprüche vgl. zudem Judith N. Shklar, »Poetry and Political Imagination in Popes ›An Essay on Man‹«, in: dies., *Political Thought and Political Thinkers*, Chicago/London 1998, S. 193–205. Die Vermittlung negativistischer (skeptischer) und positiver (nämlich gerechtigkeitstheoretischer) Argumente bei Shklar diskutiert aufschlussreich Shefali Misra, »Doubt and Commitment. Justice and Skepticism in Judith Shklar's Thought«, in: *European Journal of Political Theory* 15,1 (2016), S. 77–96.

15 Shklar, *Legalism* (Anm. 2), S. 3.

16 Judith N. Shklar, »Politische Theorie und die Herrschaft des Gesetzes«, in diesem Band, S. 108–148, hier 140.

17 Shklar, *Ganz normale Laster* (Anm. 1), S. 261.

18 Shklar, *American Citizenship* (Anm. 12); dies., *Über Ungerechtigkeit. Erkundungen zu einem moralischen Gefühl*, Berlin 1992 [1990].

19 Rogers M. Smith, »Judith Shklar and the Pleasures of American Political Thought«, in: *Yale Journal of Law and Humanities* 5,1 (1993), S. 187–189, hier S. 188.

20 Und zwar durchaus im Sinne von Max Weber, »Die ›Objektivität‹ sozialwissenschaftlicher und sozialpolitischer Erkenntnis«, in: ders., *Gesammelte Aufsätze zur Wissenschaftslehre*, Tübingen ⁶1985, S. 146–214.

21 Shklar, *Ganz normale Laster* (Anm. 1), S. 263.

22 Seyla Benhabib, »Judith Shklars dystopischer Liberalismus«, in: Shklar, *Liberalismus der Furcht* (Anm. 5), S. 67–86, hier S. 77.

23 Die Rede wurde im Rahmen einer der *Bill of Rights* gewidmeten Ringvorlesung am 23. Januar 1991 am Colorado College in Colorado Springs gehalten. Der Liberalismus der Furcht wurde Shklar zufolge 1981 das erste Mal im Lionel Trilling Seminar an der Columbia University vorgestellt, vgl. Shklar, *Ganz normale Laster* (Anm. 1), S. 275.

24 Bereits in *After Utopia* (Anm. 2) hatte Shklar detailliert ihre Einwände gegen den romantischen Liberalismus der Selbstentwicklung dargelegt, der ihr apolitisch und solipsistisch erschien, wobei sie überraschenderweise auch eine Theoretikerin wie Hannah Arendt in diese Kategorie aufnahm, vgl. Hannes Bajohr, »Arendt-Korrekturen. Judith Shklars kritische Perspektive auf Hannah Arendt«, in: *HannahArendt.net. Zeitschrift für politisches Denken*, 8,1 (2016), {www.hannaharendt.net/index. php/han/article/view/341} (letzter Zugriff am 15.12.2016).

25 Judith N. Shklar, »Die Idee der Rechte in der Frühphase der amerikanischen Republik«, in diesem Band, S. 65–107, hier 107.

26 Siehe für eine Diskussion, die diesem Text zentrale Wichtigkeit im Werk Judith Shklars zuspricht, Andreas Hess, »Der ›Liberalismus der Furcht‹. Ju-

dith N. Shklars Liberalismustheorie im Kontext«,
in: *INDES* 6,2 (2016), 91–102.

27 Shklar, »American Citizenship« (Anm. 12), S. 27 f.

28 Shklar, »Die Idee der Rechte« (Anm. 25), S. 67.

Rechte in der liberalen Tradition

[Alle Anmerkungen dieses Essays stammen vom Herausgeber.]

1 Jeremy Bentham, *Unsinn auf Stelzen. Schriften zur Französischen Revolution*, Berlin 2013.

2 »Ich habe schon gesagt, was die bürgerliche Freiheit ist; was die Gleichheit anbelangt, so darf unter diesem Wort nicht verstanden werden, dass das Ausmaß an Macht und Reichtum ganz genau gleich sei, sondern dass, was die Macht anbelangt, diese unterhalb jeglicher Gewalt bleibe und nur aufgrund von Stellung und Gesetz ausgeübt werde, und was den Reichtum angeht, dass kein Bürger derart vermögend sei, sich einen anderen kaufen zu können, und keiner so arm, dass er gezwungen wäre, sich zu verkaufen.« Jean-Jacques Rousseau, *Vom Gesellschaftsvertrag*, Stuttgart 2001, S. 58.

3 Der fünfzehnte Zusatzartikel trat 1870 in Kraft; sein erster Abschnitt lautet: »Das Wahlrecht der Bürger der Vereinigten Staaten darf von den Vereinigten Staaten oder einem Einzelstaat nicht aufgrund der Rassenzugehörigkeit, der Hautfarbe oder des vormaligen Dienstbarkeitsverhältnisses versagt oder beschränkt werden.«

4 Bernard Bailyn, *The Ideological Origins of the American Revolution*, Cambridge 1967.

5 Samuel Langdon (1723–1797) war ein amerikanischer Geistlicher und späterer Präsident der

Harvard University. Die in Neuengland verbreitete Tradition der Wahlpredigt, die jährlich anlässlich des ersten Sitzungstages des höchsten legislativen Organs (des Parlaments oder des General Court) gehalten wurde, währte am längsten in Massachusetts, wo sie von 1634 bis 1884 Bestand hatte. Siehe Samuel Langdon, »Government Corrupted by Vice and Recovered by Righteousness«, in: A. W. Plumstead (Hg.), *The Wall and the Garden. Selected Massachusetts Election Sermons 1670–1775*, Minneapolis 1968, S. 356–373.

6   James Otis, Jr. (1725–1783) war ein amerikanischer Anwalt, Rechtsgelehrter und früher Fürsprecher der Revolution. Ihm wird die für die Unabhängigkeitsbewegung zentrale Parole *Taxation without representation is tyranny* (Besteuerung ohne politische Vertretung ist Tyrannei) zugeschrieben.

7   Sir Edward Coke (1552–1634) war ein englischer Rechtsgelehrter der elisabethanischen und jakobäischen Zeit, dessen Engagement zur Ausweitung parlamentarischer Rechte gegen Übergriffe der Krone beitrug und das englische Recht maßgeblich prägte.

8   Diese Aussage entstammt einer Gerichtsrede Otis' gegen die *Writs of Assistance* – dem pauschalen Recht der Krone auf die Durchsuchung von Privateigentum – und ist nur indirekt überliefert durch John Adams, »Contemporaneous Notes of the Writs of Assistance Hearing in February 1761«, in: Maurice H. Smith (Hg.), *The Writs of Assistance Case*, Berkeley u. a. 1978, S. 543–547, hier S. 544.

9   James Otis, »The Rights of the British Colonies Asserted and Proved« [gekürzte Version], in: Jack P. Greene (Hg.), *Colonies to Nation, 1763–1789. A Documentary History of the American Revolu-*

tion, New York 1975, S. 28–33, hier S. 32. Hervorhebungen im Original.

10 Ebd., S. 30. Hervorhebung J.N.S.

11 Edmund S. Morgan, *American Slavery, American Freedom. The Ordeal of Colonial Virginia*, New York 1975, S. 376.

12 Abraham Lincoln, »Speech on the Dred Scott Decision at Springfield, Illinois, June 26, 1857«, in: ders., *Speeches and Writings 1832–1858*, New York 1989, S. 390–402, hier: S. 398. Shklar vergisst in ihrem Zitat, dass Lincoln von »natürlichen« Rechten spricht.

13 Frederick Douglass, »What the Black Man Wants«, in: ders., *Selected Addresses of Frederick Douglass*, Radford 2008, S. 24–30, hier S. 25.

14 Diese Formulierung stammt aus der wirkmächtigen Präambel der Unabhängigkeitserklärung: »Folgende Wahrheiten erachten wir als selbstverständlich: dass alle Menschen gleich geschaffen sind; dass sie von ihrem Schöpfer mit gewissen unveräußerlichen Rechten ausgestattet sind; dass dazu Leben, Freiheit und das Streben nach Glückseligkeit gehören; dass zur Sicherung dieser Rechte Regierungen unter den Menschen eingerichtet werden, die ihre rechtmäßige Macht aus der Zustimmung der Regierten herleiten; dass, wenn irgendeine Regierungsform sich für diese Zwecke als schädlich erweist, es das Recht des Volkes ist, sie zu ändern oder abzuschaffen und eine neue Regierung einzusetzen und sie auf solchen Grundsätzen aufzubauen und ihre Gewalten in der Form zu organisieren, wie es zur Gewährleistung ihrer Sicherheit und ihres Glücks geboten zu sein scheint.«

Die Idee der Rechte in der Frühphase
der amerikanischen Republik

[Alle Anmerkungen dieses Essays stammen vom Herausgeber.]

1 Vgl. Anm. 6 und 7 des vorhergehenden Essays.

2 Ebd.

3 Thomas Paine, *Common Sense*, Stuttgart 1982, S. 52.

4 Ebd., S. 49.

5 »Thomas Jefferson an James Madison, 6. September 1789«, in: Thomas Jefferson, *Papers*, Band 15, Princeton 1955, S. 392.

6 Paine, *Common Sense* (Anm. 3), S. 55.

7 Ebd., S. 6.

8 Alexander Hamilton, James Madison, John Jay, *Die Federalist Papers*, München 2007, § 84, S. 499–508, hier S. 504.

9 Der neunte Zusatzartikel lautet: »Die Aufzählung bestimmter Rechte in der Verfassung darf nicht dahin gehend ausgelegt werden, daß durch sie andere dem Volke vorbehaltene Rechte versagt oder eingeschränkt werden.«

10 Hamilton/Madison/Jay, *Federalist Papers* (Anm. 8), §48, S. 307–312, hier S. 308.

11 »James Madison an Thomas Jefferson, Brief vom 17. Oktober 1788«, in: James Madison, *Writings*, New York 1999, S. 418–423, hier S. 421.

12 »Thomas Jefferson an James Madison, Brief vom 20. Dezember 1787«, in: Thomas Jefferson, *Papers*, Band 12 (Anm. 5), S. 440.

13 Im vierten Artikel der Verfassung, Abschnitt 2, heißt es: »Die Bürger eines jeden Einzelstaates genießen alle Vorrechte und Freiheiten [*immunities and privileges*] der Bürger anderer Einzelstaa-

ten.« – Ich weiche hier von der offiziellen Übersetzung ab, um eine Verwechslung von ›Freiheiten‹ und ›Freiheit‹ zu vermeiden.

14 Im fünften Zusatzartikel heißt es unter anderem: »Niemand darf in einem Strafverfahren zur Aussage gegen sich selbst gezwungen noch des Lebens, der Freiheit oder des Eigentums ohne vorheriges ordentliches Gerichtsverfahren nach Recht und Gesetz beraubt werden.«

15 Das sind: Religions-, Rede-, Presse-, Versammlungs- und Petitionsfreiheit (erster Zusatzartikel) sowie das Recht auf ein rechtsstaatliches Verfahren und Zugang zu einem Geschworenengericht, das Verbot der Doppelbestrafung, das Auskunftsverweigerungsrecht und das Recht auf Eigentum (fünfter Zusatzartikel).

16 Diese Formulierungen stammen aus dem ersten Zusatzartikel: »Der Kongress darf kein Gesetz erlassen, das die Einführung einer Staatsreligion zum Gegenstand hat, die freie Religionsausübung verbietet, die Rede- oder Pressefreiheit oder das Recht des Volkes einschränkt, sich friedlich zu versammeln und die Regierung durch Petition um Abstellung von Missständen zu ersuchen.«

17 Der vierte Zusatzartikel lautet: »Das Recht des Volkes auf Sicherheit der Person und der Wohnung, der Urkunden und des Eigentums, vor willkürlicher Durchsuchung, Verhaftung und Beschlagnahme darf nicht verletzt werden, und Haussuchungs- und Haftbefehle dürfen nur bei Vorliegen eines eidlich oder eidesstattlich erhärteten Rechtsgrundes ausgestellt werden und müssen die zu durchsuchende Örtlichkeit und die in Gewahrsam zu nehmenden Personen oder Gegenstände genau bezeichnen.«

18 Hamilton/Madison/Jay, *Federalist Papers* (Anm. 8), §78, S. 454–462, hier S. 457.

19 James Madison, »Adding a Bill of Rights to the Constitution. Speech in Congress, June 8, 1789«, in: ders., *Selected Writings of James Madison*, Indianapolis 2006, S. 173.

20 Hamilton/Madison/Jay, *Federalist Papers* (Anm. 8), §78, S. 457.

21 Die Vertragsklausel (*contract clause*) findet sich im ersten Artikel der Verfassung, Abschnitt 10: »Kein Einzelstaat darf einem Vertrag, Bündnis oder einer Konföderation beitreten, Kaperbriefe ausstellen, Münzen prägen, Banknoten ausgeben, etwas anderes als Gold- oder Silbermünzen zum gesetzlichen Zahlungsmittel erklären, ein Ausnahmegesetz, das eine Verurteilung ohne Gerichtsverfahren zum Inhalt hat, oder ein Strafgesetz mit rückwirkender Kraft oder ein Gesetz, das Vertragsverpflichtungen beeinträchtigt, verabschieden oder einen Adelstitel verleihen.« Mit dieser Klausel wird es Einzelstaaten untersagt, Gesetze zu erlassen, die rückwirkend vertragliche Rechte einschränken.

22 Sir William Blackstone (1723–1780) war ein englischer Rechtsgelehrter, der mit seinen *Commentaries of the Laws of England*, erschienen zwischen 1766 und 1770 in vier Bänden, die erste methodische und für Laien verständliche Aufarbeitung des englischen *Common Law* vorlegte. Im amerikanischen Kontext waren Blackstones Interpretationen bis zur Revolution maßgeblich und wurden auch danach noch in Entscheidungen des Obersten Gerichtshofes bei historischen Einordnungen herangezogen.

23 James Madison, »Address of the General Assem-

bly to the People of the Commonwealth of Virginia, January 23, 1799«, in: ders., *The Writings of James Madison. 1790–1802*, Band 6, New York/London 1900, S. 332–340, hier: S. 339.

24 »Report on the Resolutions«, in: ebd., S. 341–406, hier: S. 387 f.

25 Ebd., S. 395.

26 Hamilton/Madison/Jay, *Federalist Papers* (Anm. 8), §51, S. 319–323, hier S. 322.

27 William Leggett, »True Functions of Government«, in: ders., *Democratick Editorials. Essays in Jacksonian Political Economy*, Indianapolis 1984, S. 6.

28 Richard Hildreth, *Despotism in America, or An Inquiry into the Nature and Results of the Slave-Holding System in the United States*, Boston 1840, S. 17.

29 Als *Putney Debates* bezeichnet man die 1647 im Rahmen des Englischen Bürgerkrieges (1642–1649) in Putney bei London zwischen Teilen von Oliver Cromwells aufständischer *New Model Army* geführte Reihe von Diskussionen, die eine neue Verfassung zum Inhalt hatten. Während Thomas Rainsborough (1610–1648) die radikalen *Levellers*, eine Untergruppe der *New Model Army*, vertrat, die sich für ein gleiches Wahlrecht für alle freien Männer stark machten (»one man, one vote«) und die Macht in die Hand des Unterhauses zu legen forderten, befürworteten Cromwell (1599–1658) und sein Schwiegersohn Henry Ireton (1611–1651) eine konservativere Lösung, die das Wahlrecht von Grundbesitz abhängig machte.

30 Alan Stewart, *A Legal Argument Before the Supreme Court of the State of New Jersey*, New York 1845, S. 35.

31 Vgl. Anm. 3 des vorhergehenden Essays.

32 Abraham Lincoln, »Ansprache, gehalten bei der Einweihung des Friedhofs zu Gettysburg« [Übersetzung von Erich Heller], in: Roy P. Basler (Hg.), *Lincoln's Gettysburg Address in Translation*, Washington 1972, o. S.

Politische Theorie und die Herrschaft des Gesetzes

1 Siehe vor allem Aristoteles, *Nikomachische Ethik*, Buch V; ders., *Rhetorik*, Buch I, 1366b–1370a, 1373b–1377b und ders., *Politik*, Buch III, 1285b–1287b und Buch IV, 1295a–1296b.

2 Charles Louis de Secondat de Montesquieu, *Vom Geist der Gesetze*, Tübingen 1992, Buch VI, XI, Abschnitte 4, 6, 18, 19; Buch XIX, Abschnitte 12, 14, 16; Buch XXVI, Abschnitt 20.

3 Edward Palmer Thompson, *Whigs and Hunters. The Origins of the Black Act*, London 1975, S. 258–269.

4 [Der *Habeas Corpus Act* von 1679 garantierte britischen Untertanen im Falle einer Verhaftung die unverzügliche Haftprüfung durch ein Gericht und war so ein historischer Grundstein rechtsstaatlicher Garantien. – Anm. d. Hg.]

5 Albert Venn Dicey, *Einführung in das Studium des Verfassungsrechts*, Baden-Baden [10]2002, S. 66–102 und 365–414.

6 [John Chipman Gray (1839–1915) war ein amerikanischer Jurist und Professor an der Harvard Law School. Sein einflussreichstes Werk ist das dem *Common Law* gewidmete *The Nature and Sources of the Law* (1909), das die Trennung zwischen Fallrecht und statuierten Rechtsquellen hervorhebt. – Anm. d. Hg.]

7 Siehe vor allem: Friedrich August von Hayek, *Recht, Gesetz und Freiheit. Eine Neufassung der liberalen Grundsätze der Gerechtigkeit und der politischen Ökonomie*, Tübingen 2003. Darin vor allem der ganze erste Teil, S. 284–306 des zweiten und S. 410, 462–477 des dritten Teils; John N. Gray, *Freiheit im Denken Haykes*, Tübingen 1995; James W. Harris, *Legal Philosophies*, London 1980, S. 128–139 und 245–251.

8 Roberto M. Unger, *Law in Modern Society. Towards a Criticism of Social Theory*, New York 1976, S. 52–57, 66–76, 166–181, 192–216 und 238–242; ders., »The Critical Legal Studies Movement«, in: *Harvard Law Review* 96,3 (1983), S. 563–675. Siehe auch Duncan Kennedy, »Form and Substance in Private Law Adjudication«, in: *Harvard Law Review* 89,8 (1976), S. 1685–1778; David Kairys (Hg.), *The Politics of Law. A Progressive Critique*, New York 1982.

9 Samuel P. Huntington, *American Politics. The Promise of Disharmony*, Cambridge 1981.

10 Für politiktheoretische Perspektiven siehe Judith N. Shklar, *Legalism. Law, Morals, and Political Trials*, Cambridge 1964, und neuerdings Martin Shapiro, *Courts. A Comparative and Political Analysis*, Chicago 1981, der die Idee eines Kontinuums wieder aufgreift.

11 Lon L. Fuller, *The Morality of Law*, New Haven 1964, S. 33–94 und 152–170; ders., »The Forms and Limits of Adjudication«, in: *Harvard Law Review* 92,2 (1978), S. 353–409; Robert S. Summers, »Professor Fuller's Jurisprudence and America's Dominant Philosophy of Law«, ebd., S. 433–449.

12 Ernst Fraenkel, *Der Doppelstaat*, Hamburg [2]2001 ist eine der wenigen älteren Studien, die ihre

Gültigkeit behalten haben. Siehe auch Martin Broszat, *Der Staat Hitlers. Grundlegung und Entwicklung seiner inneren Verfassung*, München [13]1992, 10. Kapitel.

13 [Im ersten Artikel der Verfassung, zweiter Abschnitt, Absatz drei findet sich die sogenannte Dreifünftelklausel, auch Bundesverhältnis (*federal ratio*) genannt, die festlegte, dass für Zwecke der Besteuerung, Volkszählung und politischen Repräsentation die Sklaven eines Staates zu drei Fünfteln als Bürger gezählt werden sollten. Der Passus wurde durch den vierzehnten und den sechzehnten Zusatzartikel außer Kraft gesetzt – Anm. d. Hg.]

14 Willie Rose Lee, *A Documentary History of Slavery in North America*, New York 1976, S. 175–223.

15 Ronald Dworkin, *Bürgerrechte ernstgenommen*, Frankfurt am Main 1990, Kapitel 2, 4 und der Appendix.

Positive Freiheit und negative Freiheit in den Vereinigten Staaten

[Alle Anmerkungen dieses Essays stammen vom Herausgeber. Eine von Shklar zusammengestellte Liste verwendeter Literatur findet sich am Schluss des Essays auf S. 185–186.]

1 Der vierzehnte Zusatzartikel lautet: »Alle Personen, die in den Vereinigten Staaten geboren oder eingebürgert sind und ihrer Gesetzeshoheit unterstehen, sind Bürger der Vereinigten Staaten und des Einzelstaates, in dem sie ihren Wohnsitz haben. Keiner der Einzelstaaten darf Gesetze erlassen oder durchführen, die die Vorrechte oder

Freiheiten von Bürgern der Vereinigten Staaten beschränken, und kein Staat darf irgendjemandem ohne ordentliches Gerichtsverfahren nach Recht und Gesetz Leben, Freiheit oder Eigentum nehmen oder irgendjemandem innerhalb seines Hoheitsbereiches den gleichen Schutz durch das Gesetz versagen.«

2 William Leggett, »True Functions of Government«, in: ders., *Democratick Editorials. Essays in Jacksonian Political Economy*, Indianapolis 1984, S. 6.

Textnachweise

»Rights in the Liberal Tradition«, in: *The Bill of Rights and the Liberal Tradition*, Colorado Springs: Colorado College 1992, S. 26–39.

»The Idea of Rights in the Early Republic«, unveröffentlichter Text aus dem Nachlass, Papers of Judith N. Shklar, Harvard Archives.

»Political Theory and the Rule of Law«, in: Judith N. Shklar, *Political Thought and Political Thinkers*, hg. von Stanley Hoffmann, Chicago/London: The University of Chicago Press 1998, S. 19–37.

»Liberté positive, liberté negative en Amérique«, in: *Les usages de la liberté. XXXIIes Rencontres Internationales de Genève*, Neuchâtel: Les Éditions de la Baconnière 1990, S. 107–148.

»Rechte in der liberalen Tradition« ist ursprünglich erschienen als »Rights in the Liberal Tradition« in: *The Colorado College Studies* Nr. 28, 1992, S. 26–39.

»Politische Theorie und die Herrschaft des Gesetzes« entspricht dem 2. Kapitel aus Judith N. Shklars *Political Thought and Political Thinkers*, Chicago 1998, S. 19–37, © Chicago University Press.

Erste Auflage Berlin 2017
Copyright der deutschen Ausgabe © 2017
MSB Matthes & Seitz Berlin Verlagsgesellschaft mbH
Göhrener Str. 7 | 10437 Berlin
info@matthes-seitz-berlin.de
Alle Rechte vorbehalten.
Satz: psb, Berlin
Druck und Bindung: Art Druk, Szczecin
Umschlaggestaltung nach einer Idee
von Pierre Faucheux
ISBN 978-3-95757-241-7

www.matthes-seitz-berlin.de